湖北文理学院科研启动经费资助项目——生态创新对企业绩效的影响效应研究
襄阳市科协科技创新智库课题研究项目——突发疫情对襄阳经济影
评估及对策研究

生态创新对企业绩效的影响效应研究

Research on the Influence of Ecological Innovation on Enterprise Performance

陈　静◎著

经济管理出版社
ECONOMY & MANAGEMENT PUBLISHING HOUSE

图书在版编目（CIP）数据

生态创新对企业绩效的影响效应研究/陈静著．—北京：经济管理出版社，2020.11
ISBN 978－7－5096－7641－7

Ⅰ．①生…　Ⅱ．①陈…　Ⅲ．①企业创新—影响—企业绩效—研究　Ⅳ．①F272.5

中国版本图书馆 CIP 数据核字(2020)第 233152 号

组稿编辑：郭丽娟
责任编辑：范美琴
责任印制：黄章平
责任校对：张晓燕

出版发行：经济管理出版社
（北京市海淀区北蜂窝 8 号中雅大厦 A 座 11 层　100038）
网　　址：www. E－mp. com. cn
电　　话：（010）51915602
印　　刷：北京玺诚印务有限公司
经　　销：新华书店
开　　本：720mm×1000mm/16
印　　张：12. 75
字　　数：207 千字
版　　次：2020 年 12 月第 1 版　　2020 年 12 月第 1 次印刷
书　　号：ISBN 978－7－5096－7641－7
定　　价：65. 00 元

前言

我国实行改革开放以来，经济高速发展，但工业化过程所衍生出的环境污染问题已经成为制约我国经济进一步发展的主要障碍。党的十八大和十九大关于建设“美丽中国”的倡议和发展目标直面生态文明体制改革和生态文明制度建设的重要问题，绿色创新发展已经成为当前我国经济社会发展的基本共识。这意味着以牺牲环境为代价的高耗能、高污染的时代已经过去，现阶段所强调的是经济、环境、效益三者并重的“三底线”可持续发展模式。这其中作为社会生产主要参与者的“企业”自然也面临着绩效与环保的双重准绳，在提升自身绩效的同时兼顾环保责任已经成为企业当前持续发展所必须考虑的问题。

在这个方面，国内外有不少学者基于不同的角度都有探讨，但由于对生态创新界定的不统一以及在生态创新影响因素认识方面存在的差异，使这个问题依然处于重要的理论和实践探索阶段，从而为本书从理论到实践的探讨留下了相当大的空间。由于相关领域内容宽泛，不同学科知识相互糅杂，本书在不同知识和技术方法协调应用过程中难免疏漏；同时为使整体论证具有系统性，本书在深度上难免会存在不足，而且笔者对一些定量和定性分析技术的应用还有些力不从心，这些都是后续研究需要不断努力的地方。

目 录

第一章　导论

第一节　研究背景与意义

一、研究背景

改革开放以来，中国经济高速发展，工业化程度不断提升，中国 GDP 总量实现由 1978 年的 2683 亿美元（中国 GDP 世界排名第 15 位）到 2017 年的 12.72 万亿美元（中国 GDP 世界排名第 2 位）的飞跃，但必须指出的是，工业化过程所衍生出的环境污染问题也成为制约中国进一步发展的主要障碍。从污染涉及范围来看，除西部少数省份情况较为良好外，我国中东部地区无一幸免，且平均年雾霾天数总体呈增加趋势，目前经济发展速度最快的珠三角与长三角地区是空气污染的重点地区。之所以要重视环境污染问题不仅在于它所引发的“后遗症”会对个人身体健康造成持续、恶性的伤害，还在于其可能进一步诱发一系列社会问题，将直接危及社会的稳定。再从最近的例证来看，自 2008 年金融危机爆发以来，面对国际社会经济和政治环境的变化，世界各国更强调经济发展中科技创新的力量，意图通过依靠科技进步重新占领发展高地，为了应对生态环境保护和可持续发展问题也逐步形成低碳发展的共识。这些都意味着，中国经济正面临着“危”与“机”并存的态势，能否成功实现宏观经济的转型升级已成为中国经济社会现代化进程中不可回避的、最紧迫的课题之一。

也正是基于此，2014 年中央经济工作会议明确指出中国经济的演化路径，即向形态更高级、分工更复杂、结构更合理的阶段转变，从高速增长转向中高速增长，从规模速度型粗放增长转向质量效率型集约增长，从增量扩能为主转向调整存量、做优增量并存的深度调整，从传统增长点转向新的增长点。这一社会背景已明确反映出以牺牲环境为代价的高耗能、高污染的发展时代已经过去，现阶段所强调的是经济、环境、效益三者并重的“三底线”可持续发展模式。这其中作为社会生产主要参与者的“企业”自然也面临着绩效与环保的双重准绳，在提升自身绩效的同时兼顾环保责任已成为企业当前持续发展所必须要解决的问题。再从经济理论来看，其发展总是与实践密切相关，任何社会运行过程中的经济问题总会成为理论创新的重要“催化剂”。2011 年，Kemp 和 Oltra 在 MEI 项目①中正式提出兼顾环保与创新的“生态创新”概念，至于其核心的阐述则早在 1995 年 Porter 与其同事就已指出“通过合理的环保规制能激发企业（生态）创新”即“波特假设”②，在此之后经由 Jaffe 和 Plamer（1997）将其分解为“弱波特假设”和“强波特假设”③，不同的研究者基于各自的研究视角分别验证了环保规制、生态创新与企业绩效间的关系，但结果却是混合的。这主要是因为研究视角局限于理论层面的推导与分析，而忽略了必要的逻辑实证过程和假设的社会实践性。这也表明，对于生态创新行为的研究视角有必要进行扩展，将制度理论和资源观有机整合起来，解释利益相关者环保导向影响生态创新进而影响企业绩效的内在逻辑，为企业实现可持续发展找到一条切实可行的新路径。

---

① Kemp R. , Oltra. Final Report MEI Project About Measuring Ecoinnovation UM – MERIT Project of European Environment Agency（EEA）and the Joint Research Center（JRC）of the European Commission European commission, 2011.

② Porter M. E. , Van der Linde C. Towand A New Conception of the Environment – competitiveness Relationship［J］. Journal of Economic Perspectives, 1995, 9（4）: 97 – 118.

③ Jaffe A. B. , Palmer K. Envionmental Regulation and Innovation: A Panel Data Study［J］. Review of Economics and Statistics, 1997, 179（4）: 19 – 610.

二、研究目的和意义

（一）理论意义

纵观经济学的整个发展历程可知，其对于空间地理因素的重视程度远不如对核心价格理论那样，即便未完全脱离学者们的视野但也成为探讨的重点。深入分析不难发现，这与经济学的研究方法密切相关，其传统的价格理论核心发端于数学的精确、严密分析，这要求其必须将制度、行为和地理等影响因素舍弃，再加之规模报酬递增假设的易把握性更将可能存在的另一面直接忽略。与此同时，现有研究对于制度、环境、与企业效益的研究多假定企业行为与社会期望是一致的，这恰恰忽视了真实存在的各维度之间的协同与冲突对生态创新的影响，以及管理者认知差异造成的生态创新行为差异。即使是资源基础观所强调的生态创新对环保绩效的改善，使其可视为企业资源利用率的评价准则，即生态创新有助于构建内部资源和能力，而这两者可视为提升企业绩效的中介机制，它依然忽视了生态创新在外部资源获取方面的潜力，而这对于企业而言绝对是无法忽视的提升短期绩效的重要路径。

（二）现实意义

从中国当前的实际情况来看，生态创新路径的拓展对于中国企业目前的绩效增长点转变乃至全国经济发展模式转变和社会稳定均具有重大意义。随着产业结构的调整和社会化分工的进一步深化，生态创新已成为企业在环境利益与人类利益之间实现平衡的主要方式，并且它可以在降低生产成本和提高效率等方面提供新的思路，有利于企业持续创造价值，提高自身的市场竞争力。而且，就生态创新的内容来看，其具有高度的动态性和多样性，其主要内容并非固定不变的而是随着时代变迁而不断变化，且在确保符合“绿色”基本内涵的前提下更注重企业自身的特有创新行为，可以是工艺流程的技术变革，也可以是管理制度或行为的变革。对于企业发展而言，在考虑环保责任和自身绩效的双重标准下，制度创新所提供的更为广阔的行为空间将具有其他创新路径难以比拟的优势。此外，就整个宏观经济发展而言，来自企业的行为绿色、灵活性的改良将有助于促进、改善和调整就业结构、促进国民收入良性分配和稳定社会秩序。

但是，由于生态创新本质上属于产品制造过程中嵌入式的、无形的环节，增加了量化研究中的困难，具体的贡献率计量仍然缺乏可靠的技术前提。与较之成熟的区域规模经济研究、产业聚集研究相比，它仍处于实证—检验的研究阶段。可以说整体研究少，局部研究多；实证检验研究少，经验分析研究多。本书意图在借鉴国内外学者相关研究的基础上，尝试解决两个重要问题，即不同的利益相关者环保导向究竟会对生态创新产生何种影响，这其中可能存在哪些中介或调节因素？生态创新行为如何实现对企业绩效的影响，这其中又以资源获取为中介的影响路径的分析为关键所在。具体而言，就是要回答以下问题：一是影响企业生态创新的关键因素及其各自的影响机制；二是分析不同的因素影响生态创新的内在机制，并深入探讨不同因素的交互对企业生态创新的影响；三是研究生态创新提升企业绩效的情况，并通过整合探讨利益相关者、生态创新和企业绩效三者的关系，以期发现提升企业绩效的内在机制。通过上述问题的回答，尝试更深入地理解和解释生态创新行为与企业绩效间的互动关系，并为企业实现可持续发展提供理论和经验借鉴与启示。

第二节　研究内容和方法

一、研究内容

从生态创新和企业绩效提升以及二者关系的理论和实践、历史和现实出发，本书在研究过程中，以基础资源理论、制度理论和企业治理理论为基础，以生态创新对企业绩效提升关系机理为主要研究对象，以企业生态创新为出发点，对企业生态创新影响企业绩效提升的前因进行溯源，进而对生态创新影响企业绩效改善这一后果的机理进行探索；前因分析强调的是影响或者驱动企业生态创新的关键因素，后果机理强调的是生态创新对企业资源获取能力、企业经济绩效和环境绩效的影响。在此基础上，提出了企业生态创新助推企业绩效改善的一般路径。最后，以 316 家企业为样本，对以生态创新提升企业绩效路径中的 33 个理论假设进行了分析和检验，最终形成了研究结论和对政策制定与优化的启示。

二、研究方法

本书的研究过程中综合应用了多种分析技术和手段。

一是实证分析和规范分析相结合的研究方法。实证分析方法解决了现实状态的内涵、表征以及问题，在实证研究的过程中，综合应用了定性和定量的分析方法。通过实证分析，明晰了生态创新影响企业绩效提升的基本路径，以及利益相关者、生态创新和企业绩效三者间的作用方式；规范分析方法则基于可持续发展的理念和追求解决了对策与措施的导向或倾向问题。

二是理论和实践相结合的分析方法。本书依托可持续发展理论、利益相关者理论、企业社会责任理论和创新理论的相关理念和模型，分析了企业生态创新的驱动机制、来自利益相关者的影响效用以及生态创新行为过程对企业绩效的影响路径。在解决这些问题的过程中，本书紧密结合中国企业的生态创新现实情况，探讨适合中国国情的企业绿色增收刺激机制和相关的政策引导，尝试基于理论分析给出适合中国企业可持续发展的新路径。

三是静态分析和动态分析相结合的分析方法。无论是企业收益增长还是企业行为创新、制度创新，实质上都是一个动态的而非静态的问题。因此，本书在分析的过程中，将静态分析和动态分析相结合，静态分析方法通过对时间和具体变动的抽象，使得企业生态创新行为和收益增长间的互动路径更加清晰，进而结合利益相关者判断二者的互动机理，探求二者动态演进发展的机制，并对企业未来发展给出意见和建议。

四是根据现实发展的情况，基于相关理论采用归纳和演绎、分析与综合等研究方法，以期将理论应用到解决中国企业可持续发展现实问题的过程中。

三、研究思路与结构

（一）研究思路

鉴于企业行为与自身绩效间的关联性，对企业绩效提升与企业社会环保责任履行这一“双赢”目标实现的具体要求进行研究就成为本书的逻辑起点，而从生态创新视角探讨企业环保战略、绿色生产行为对企业绩效的影响路径与机理，突破传统的成本收益观限制，结合企业可持续发展目标重新探寻更符合社会环保需求的新型绩效增长路径就成为研究的基本落脚点。鉴于此，本书将首先厘清企业生态创新和企业绩效等基本概念，在对可持续发展、利益相关者、企业社会责任的理论渊源、拓展与应用的文献，生态创新的文献和有关企业绩效测度的文献做评述的基础上，对中国企业生态创新的动机与行为进行了分析，由于不同利益相关者的环保导向影响生态创新的内在机制，因此深入探讨不同利益相关者环保导向的交互对企业生态创新的影响，以及在这其中可能存在的中介和调节因素，进而发现了关键利益相关者促进企业生态创新的核心机制。并在此基础上，进一步构建生态创新与企业绩效提升间的作用模型，进而深入剖析企业生态创新影响企业绩效的机理，从而完成了企业绿色绩效提升路径的理论探索。最后结合相关数据进行了实证检验，并基于中国的实际情况，尝试给出适合国情的意见和对策建议。

（二）研究结构

研究思路的逻辑结构如图 1－1 所示。

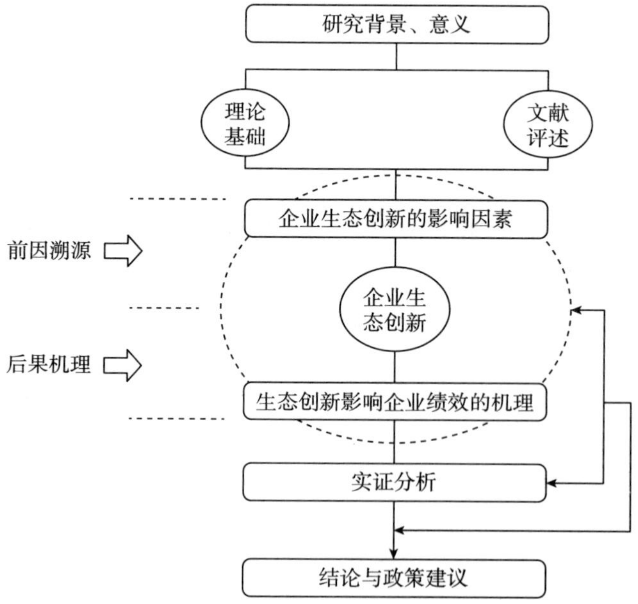

图 1－1　本书逻辑结构

第二章　文献述评

第一节　核心概念梳理

一、生态创新

（一）生态创新的概念

生态创新概念的提出源于人类工业化进程中对于环境的污染行为破坏了人类生存环境的自我修复性，产生了可持续发展危机。

Fussler 和 James（1996）首次给出了生态创新（Eco - innovation）的基本界定，认为生态创新是企业在产品和生产工艺等方面的创新，它不仅能有助于减少生产对环境的负面影响，而且可以给企业及其客户带来新的价值增值的行动（James，1997）。也有学者如 Rennings（2000）将企业的此类行动称为绿色创新，其在内涵上更倾向于对生产技术层面创新的强调。①

另一个比较有影响力的是来自欧盟的 MEI（2009）的界定，它认为生态创新是企业基于整个产品生命周期的考虑，未来阻止并持续地降低产品生产对环境的

---

① Klaus Rennings 在定义生态创新这一概念时，明确指出了实现可持续发展的三种变化：技术创新、社会创新和制度创新。

损害、对环境的污染以及在资源和能源使用过程中的有害影响，而在产品生产过程、资源和能源的利用过程中，应用或者开发新型技术，实施产品革新、工艺再造、流程变化、生产服务、产出管理以及经营活动方法创新等行为（Kemp & Pearson，2008）[①]。CIP[②] 进一步将生态创新定义为任何可以促进可持续发展并降低对环境的负面影响，促进资源和能源使用效率的行为。在这个较为宽泛的概念基础上，我们发现，生态创新因此具有了企业系统创新的特征（Kemp & Rotmans，2005）[③]，其中内含了产出技术进步、制度变迁、用户和市场变革、社会文化观念进步以及相应的基础设施的进步与调整（Elzenet，2004），总体上可以包含组织技术、组织架构、社会观念和制度变迁等几个范畴，其中内含了企业的环境责任行为，因而成为企业社会责任的重要构成部分。从而生态创新作为企业的一种战略性环境责任行动，它将企业的社会环境责任和企业生产经营中的核心业务相结合进行整合创新，既能降低生产对环境的负面影响，又能提升企业的商业价值，即实现企业和环境的“双赢”。

基于经济学视角，Mirata 和 Emtairah（2005）[④] 直接指出，生态创新所代表的就是国民经济可持续发展的引擎、产业转型升级的新通道和企业发展的新商机。他们对于生态创新的这一经济学解释得到了理论界的广泛认可，Noci 和 Verganti（1999）[⑤]，Dangelico 和 Pujari（2010）[⑥]，Schiederig、Tietze 和 Herstatt（2012）[⑦] 纷纷以此为基础深入探讨了生态创新行为与企业战略管理的融合渠道。事实上，早在 2000 年，美国管理学会就已经成立 ONE[⑧] 兴趣小组，开启了企业

---

① Measuring Eco – innovation Project（2009），采用了 Kemp 和 Pearson（2008）的定义。

② 欧盟竞争力及创新框架研究项目。

③ R. Kemp，J. Rotmans. The Management of the Co – Evolution of Technical，Environmental and Social Systems［C］. International Conference Towards Environmental Innovation Systems，2005.

④ Murat Mirata，Tareq Emtairah. Industrial Symbiosis Networks and The Contribution to Environmental Innovation［J］. Journal of Cleaner Production，2005，13（1993）：10 – 11.

⑤ G. Noci，R. Verganti . Mananing “green” Product Innovation in Small Firms［J］. R&D Management，1999.

⑥ RM Dangelico，D. Pujari. Mainstreaming Green Product Innovation：Why and How Companies Integrate Environmental Sustainability［J］. Journal of Business Ethics，2010，95（3）：471 – 486.

⑦ T. Schiedering，F. Tietze，C. Herstatt. Green Innovation in Technology and Innovation Managementan Exploratory Literature Review［J］. R&D Management，2012，42（2）：180 – 192.

⑧ ONE：Organization and Natural Environment，组织与自然环境兴趣小组。由美国管理学会（AOM）成立，推动其相关研究，并将绿色管理作为 2009 年 AOM 国际年会的主题。

生态管理的相关研究，只是当时尚未明确提出生态创新的概念。虽然生态环境保护与企业绩效提升已进入学者们的研究视野，也明确提出生态创新的概念，但对于这一概念的适应范围、理论含义和基本测度却无法给出明确、一致性的结论（杨燕和邵云飞，2011）。

对于生态创新概念的适用范围，国内外学者提出了不同的主张。陈劲（1999）认为这一概念主要涉及全球、区域、国家，Brunnermeier 和 Cohen（2003）则主张包含产业领域，Berrone、Fosfuri、Gelabert 和 Gomez - Mejia（2013）更进一步指出必须细化到企业层次。这些对于生态创新适用层次的不同主张必然导致后续概念含义和主要特征的区别，关注于大范围层面的学者的研究视野主要集中于政策引导的效力，而关注企业层面的研究者则更注重企业行为的战略性。对于生态创新的内涵，以 Andersen、Kemp 和 Pereira 等为代表的学者也提出了彼此各异的见解。研究者基于各自不同的视角和学科背景分别提出了不同侧重点的概念，如 Brunnermeier 和 Cohen（2003）、戴鸿轶和柳卸林（2009）就将生态创新的内涵更多地解释为环保技术方面的创新，这与陈劲（1999），Chen、Lai 和 Wen（2006）和张钢（2011）等主张的绿色技术创新较为接近，而与 Hansen、Grosse - Dumker 和 Reichwald（2009）倡导的可持续政策导向创新则存在较大差异。最后，基于概念层面的分歧细致到技术层面，对于生态创新的测量也未形成统一意见。这不仅在于理论基础差异所导致的内涵理解不同，还在于生态创新行为本身也很难脱离行为创新或社会责任行为而独立存在，正如 Chen、Chang 和 Wu（2012）所言，生态创新行为的依附性和大内涵性很大程度上影响了其自身测量的可行性与准确性。

在上述分析的基础上，本书将生态创新理解为，它是企业将其社会环境责任和生产经营相结合而展开的，在提升企业商业价值的同时能推动降低生产对环境的负面影响，并促进可持续发展的系统性创新，它涵盖了对资源或能源的高效使用、生产工艺、生产技术、新品开发、服务活动、经营管理模式和方面等领域的变革。

（二）生态创新的特征

关于生态创新的主要特征，理论界基于不同的研究视野纷纷提出了相应的解释，目前主要是基于企业社会责任理论、环境管理理论以及创新管理理论视角的探讨。由于不同的理论具有不同的侧重点，综合考虑后本书决定分别从目标、内容、过程、结果方面进行总结。

1. 生态创新的目标

生态创新的目标具有显著的二元性特征，即 Andersen（2008）、Pereira 和 Vence（2012）所谓的实现企业盈利与环境保护的双重目标①。该理念所强调的主要是利益间的平衡，希望通过将社会责任的履行纳入企业发展战略中从而实现双重目标，这是它与传统的社会责任观最显著的区别；而对于行为维度的扩展则实现了其与传统创新行为的区分。

2. 生态创新的内容

对于生态创新涉及的具体内容的界定，理论界普遍承认应是动态和多样的。正如 Kemp 和 Pearson（2008）所指出的，这一特性取决于“生态”的本质，其必然随“绿色化”概念的变化而变化②，即会随着时间的变化而改变（杨燕和邵云飞，2011）；而创新行为的实施者为企业，这又进一步决定了其具体内容的个性，即并非整个行业的统一安排，而是个体企业的“量体裁衣”，可以是技术的生态化改进，也可以是产品的生态性变化，甚至还可以是管理制度的创新（OECD，2009）。

3. 生态创新的过程

对于生态创新的整个过程，De Marchi（2012）等强调必然是复杂的、系统的。Pujari（2006）在其研究中发现，生态创新是建立于多元化知识基础上的，而 Kemp 和 Oltra（2011）更强调在此基础上还需考虑整个产品的生命周期及其所处的不同环境阶段，这就必然导致整个行为过程对参与者的整体考虑和职能的综合性、完整性③。

4. 生态创新的结果

对于生态创新行为实施的结果，理论界普遍认为应同样具有双重性，即实现

① Pereira，XVence. Key Business Factors for Eco – innovation：An Orerview of Recent Firm – level Empirical Studies［J］. Cuadernos De Gestion，2012（12）：73 – 103.

② Kemp R.，Pearson P. Final Report MEI Project about Measuring Ecoinnovation UM – MERIT Project of Eurorean Environment Agency（EEA）and the Joint Research Center（JRC）of the European Commission European Commission，2007.

③ Kemp，Vanessa Oltra. Research Insights and Challenges on Eco – Innovation Dynamics［J］. Industry 和 Innovation，2011，18（3）：249 – 253.

Rennings (2000)[①], Jaffe、Newell 和 Stavins (2005) 所主张的知识溢出和高生态效能双重效用。

5. 生态创新衍生特征的争议

可以说，理论界对于生态创新概念四个基本特征的认识是基本一致的，但对于其衍生特征则存在较大争议：一是生态创新的驱动因素到底是什么？以 Rennings (2000) 为代表的创新管理研究者主张来自规制的压力是其主要推动因素，它所解决的正是外部性诱发的动力缺失问题[②]；但 Kemp 和 Pontoglio (2011) 近期研究却发现，环境规制与企业生态创新行为间也可能存在共演关系，对于那些主动采取环保策略的企业，他们的意愿也会影响制度的制定[③]。二是行为发生的原始动机是否值得关注？传统理论认为，任何已发生的行为只有是有意识的才具有研究的必要和价值，对于随机发生的行为则无须太多关注，以避免行为的泛化，但 Kemp 和 Pearson (2008), Schiederig、Tietze 和 Herstatt (2012) 却认为，生态创新行为更关注的是行为的效果，而非最初的动机，加之判断客观性的难以实现，因此，无须过多考虑最初是出于何种目的而采取行动的。三是生态创新的内容是否应该包含末端治理技术 (EOP)[④]，以 Hart (1995), Berrone、Fosfuri、Gelabert 和 Gomez - Mejia (2013) 为代表的研究主张生态创新的内容应该只涉及污染治理，排除控制范围，这样就不能将 EOP 纳入其中；但 Aragon - Correa (1998) 等却认为，在实际履行的过程中，管理与控制是同时存在的，因此应该同时包含 EOP。近年来，以董颖和石磊 (2010) 为代表的部分国内学者则认为，即使包含 EOP，也必须是复杂的控制行为，而非末端治理技术的简单采用。

通过以上对生态创新含义、内涵、特征的介绍虽然无法得到统一的定义，但有助于我们深刻把握和理解这一概念，同时也有必要对与其相似的绿色（技术）

---

① Renning S. K. Redefining Innovation - Eco - Innovation Research and the Contribution from Eclolgica Economics [J]. Economics, 2000 (32): 319 - 332.

② Renning 指出，生态创新是能够促进环境持续的新（改良）过程、行为、系统和产品，包括技术、制度、社会等方面，生态创新的核心要素是积极的环境影响。

③ R. Kemp, S. Pontoglio. The Innovation Effects of Environmental Policy Instruments: A Typical Case of the Blind Men and The Elephant? [J]. Ecological Economics, 2011, 72 (1725): 28 - 36.

④ EOP: End of Pipe，指在生产过程的末端，针对产生的污染物实施有效的治理。

创新和环保（技术）创新做对比分析，以便形成更为准确的认知。综合考虑对概念内涵和外延的充分把握，本书将从目标、内容、环境影响评估基础、使用主体四个方面进行对比。

第一，从目标界定方面来看，生态创新所强调的是环境与绩效两个目标的共同实现，即具有二元性，正如 Pujari、Wright 和 Peattie（2003）所指出的，所谓的可持续发展不可能以牺牲企业的绩效为代价，不仅仅是确保环境的改善和不破坏，因此生态创新必须同时兼顾两个目标[①]。这与环保创新和绿色创新截然不同。董颖和石磊（2010）近期的研究证明，二元目标特性还避免了单位产品环保效益增加但总污染量上升的状态，实现了对反弹的规避。

第二，从概念涵盖范围来看，生态创新明显广于环保创新和绿色创新（杨燕和邵云飞，2011）。正如定义所述，其创新的不仅可以是技术，还可以是产品，甚至是制度模式。较之于传统的环保创新、绿色创新，生态创新突破了对技术范围的限制。这在欧盟委员会 2011 年的 EAP[②] 中已有了明确的说明。

第三，对于研发阶段所造成的环境影响程度的评估基础的界定，生态创新、绿色创新和环保创新彼此各异。Schiederig、Tietze 和 Herstatt（2012）指出，生态创新所考察的是整个产品生命期内的资源耗费[③]，而在绿色创新和环保创新的概念界定中却没有这种明确的限定范围。

第四，关于概念使用主体的界定上，生态创新、绿色创新和环保创新不是一致的，国外学者倾向于将高生态效能的创新主体视为生态创新、环保创新的使用者，而中国一些学者倾向于绿色创新。

二、生态创新的维度及其测量

（一）生态创新的维度

关于生态创新的维度划分，目前仍处于探索阶段，但无论采取何种方式，基

① D. Pujari, G. Wright, K. Peattie. Green and Competitive on Environmental New Product Development Performance [J]. Journal of Business Research, 2003, 56 (8): 657 – 671.

② Environment Action plan. 1973 年欧盟出台了第一个环境行动计划使相关政策初步形成。

③ T. Schiederig , F. Tietze, C. Herstatt. Green Innovation in Technology and Innovation Management: An Exploratory Literature Review [J]. R&D Management, 2012, 42 (2): 180 – 192.

本都遵循以下两种思路：一是主张与传统的创新维度划分方式一样，仍然从形式上进行区别，以 Chiou、Chan、Lettice 和 Chung（2011），Wagner（2007）为代表的学者主张分为产品创新、工艺创新、管理创新；Qi、Shen、Zeng 和 Jorge（2010）则主张分为绿色技术创新与绿色管理创新①；OECD（2009）却提出主要分为生态技术创新或非生态技术创新；Hammar 和 Lofgren（2010）更提出应关注创新的强度，并以此为基础分为突破式生态创新和渐进式生态创新。二是主张以行为的独特性为划分标准，例如 Demirel 和 Kesidou（2011）提出应参考生态创新行为与核心业务间的关联度，并将其分为末端污染控制技术、整合清洁生产技术、环保技术研发②，或 Andersen（2008）所主张的末端治理生态创新、整合型生态创新、产品替代型生态创新、生态组织创新、生态技术范式创新；Chen、Chang 和 Wu（2012）从生态创新行为的战略性入手，认为应以此为标准分为主动式和反应式绿色创新。在这些研究的基础上，彭雪蓉（2010）进一步从生态创新的形式与内容、生态创新强度、业务整合程度和战略姿态等方面对生态创新的维度进行了划分。其中，生态创新的形式与内容包含生态创新（OECD，2005，2009；Yang，2012）③、环保创新（Wagner，2007）④、绿色创新（Chiou，2011）⑤等概念，生态创新强度包含突破式创新和渐进式创新两种概念（Del Rio，2010），生态创新对业务整合程度包含绿色技术（杨发明，1998）、环境技术（Rennings，2000）和生态创新概念，生态创新的战略姿态包含主动式和反应式绿色创新概念（Chen，2012）。

（二）生态创新的测量

也正是由于对生态创新维度的不同标准进一步造成了测量方式的差异，从已

① G. Y. Qi，L. Y. Shen，S. X. Zeng，O. J. Jorge. The Driver for Contractors' Green Innovation：An Industry Perspective［J］. Journal of Cleaner Production，2010，18（14）：1358－1365.

② P. Demirel，E. Kesidou. Stimulating Different Types of Eco－innovation in the UK：Government Policies and Firm Motivations［J］. Ecological Economics，2011，70（8）：1546－1557.

③ OECD：Organization for Economic CO－operation and Development，简称经合组织，是全球30个市场经济国家组成的政府间国际经济合作组织。2009年6月，经合组织理事会部长级会议声明绿色增长宣言。该宣言邀请经合组织开发一个绿色增长策略来实现经济复苏和社会环境的可持续经济增长。

④ 实证分析了德国制造企业环境规制与专利申请数的关系。发现环境规制标准的制定，在一定程度上会削弱企业专利申请的积极性，专利申请数量下降。

⑤ 运用结构方程模型研究了绿色创新的环境绩效及其对企业竞争力的影响。

有资料来看，基本遵循投入和产出两个视角（OECD，2009），相关指标如表 2－1 所示。虽然这两种方法均无法完全涵盖生态创新的内涵，但基于可操作性的基本要求，投入和产出测量方法的确具有不可否认的优势。

表 2－1 生态创新的投入和产出测量的主要指标①

测量方式	投入	产出	
		直接产出	间接产出
主要指标	用于生态创新研发的： 费用投入 人员数量 其他费用	创新数量 创新产品销售 创新行为	专利数量 科技成果数量 科技成果属性

具体而言，两种方法的优劣主要体现在以下方面：首先，从投入视角来看，其主要测评指标为研发投入的人力资本和资金，这就确保了数据的可获取性，但也限制了可测量的研发活动的数量，对于那些非正式的非技术生态创新行为则无法测量。其次，从产出角度来看，根据产出的类型又可进一步划分为直接产出、间接产出和影响三个子类，其中，直接产出视角的测量指标主要包括创新的数量和具体描述，这确保了测量的范围和结论的实效性，但对于难以有效识别的工艺创新的测量却无能为力，而且为识别足够的信息源会产生繁重的工作量；若以间接产出为测量视角，则主要关注专利和科技成果的数量，这确保了测量行为的可操作性和结果的准确性，但却仍然无法涵盖所有创新种类和数量，且往往忽略末端处理技术；若基于间接影响视角，则所关注的焦点为资源使用效率和生产效率，它直接实现了企业绩效与环境的关联，实现对环境多维度的描述，但仍然存在覆盖范围的限制，且对于价值与环境间的复杂关系可能无法准确描述，进而无法如实测度。正是由于这些方面的限制，加之国内企业生态创新战略尚未成型，直接从资源配置、组织变革、投入产出等方面测量企业的生态创新存在诸多困难，因此，很多学者在对企业生态创新进行测量时，依然借助企业在环保方面的

① 资料来源：OECD（2009）。

行为来进行刻画。比如，Sharma 和 Vredenburg（1998）[①] 从企业参与环境管理程度的角度开发了测量企业生态创新程度的量表，以及 Chan（2005、2012）、Chen（2006）、Lin 和 Ho（2011）、Chiou 等（2011）和李巧华（2014）关于企业生态创新驱动因素的研究。

三、企业绩效

（一）企业价值观与绩效

价值观在哲学上是主体对其有用性的观念，企业的价值观反映了企业及其员工的价值追求，呈现了企业在追求经营成果的过程中所致力于的基本信念和行动目标。换句话说，企业的价值观是企业决策者对企业的性质、经营目标、经营模式等做出的取向性选择，是企业上下所接受的一种共同观念。

从企业经营的角度考察，企业的价值观追求会通过企业的经营目标反映出来。不同的企业价值观最终通过企业的目标追求所体现。在实践中，在价值观影响下企业的目标主要有三种观点：一是股东利润最大化；二是股东价值最大化；三是企业价值最大化。对于股东利润最大化而言，股东利润即当期利润，追求公司当期利润的最大化，其优点是能反映企业经营行为的本质，也为企业加强管理、降低成本、提高生产效率提供了动力，而且利润最大化的目标简单明了，易于理解和接受；其最大的缺点在于，过分强调企业的当期利润最大化，容易导致企业忽视有价值的长期投资，并且容易使企业不愿进行对长期有利的投资或者过度进行某些有助于实现短期目标的投资，企业也容易忽视对其社会责任的承担，从而会损害企业的长期价值，加之利润指标本身容易受到内部控制人的操作，对当期利润的粉饰很可能掩盖公司的真实风险，进而损害公司长期价值。

对股东价值最大化而言，英美学者比较接受这种观点，主要的理由是，企业是股东的，公司价值就是股东的财富价值，因此可以将企业的目标确定为股东价值最大化，而且，实现了股东价值，也就实现了其他利益相关者的价值。但股东价值最大化隐含了一个重要前提，即资本市场是有效的，股票的价格总是能准确

---

① 认为企业绿色管理不能仅仅作为一个职能部门战略，局限于治污安装与使用，而应该把企业绿色管理战略放在企业总体战略高度层面。

而迅速地反映公司价值；而且，以股东价值最大化作为目标，企业也必须克服其蕴含的各种代理成本，否则，一旦在多种因素的影响下，股票价格对其反映的公司价值产生系统性偏离，股东价值最大化指标就难以发挥其应有的作用。

对企业价值最大化而言，企业价值也被称为利益相关者价值，借此反映企业所有相关的利益主体的利益。自 Coase（1937）① 以后，很多新制度经济学家都将企业视为一系列契约的集合，这些契约的缔约者就是企业的利益相关者，根据其与企业经济关系的不同，这些利益相关者可以被区分为所有权利益相关者、经济依赖性利益相关者和社会利益相关者，从而企业经营的目标被定义为利益相关者价值最大化，企业要公平对待各种利益相关者，如债权人、所有者、管理层、员工、政府等，同时也要尽到自己的社会责任。

在中国，作为大企业代表的上市公司，其持股主体中相当大比例是国有和法人主体，企业和银行之间的关系也比较密切，企业的资本结构中债务资本的比重较高。证券市场因受其他非企业基本面因素的影响而波动较大，从而以股票市场反映的股东价值不能准确反映企业价值，也忽视了中国国情下对企业社会责任的要求。因此，以利益相关者价值为核心的企业价值最大化的目标更符合中国《公司法》和《证券法》等相关法律法规对投资者、债权人、员工、消费者等利益主体的权益保护的要求，利益相关者的价值最大化更符合中国的企业目标，从而反映出中国企业同时追求经济利益与社会责任的基本价值观所在。

学界对企业绩效长期以来并未形成统一的认识，基本的原因在于多维结构是企业绩效的基本特征，我们从不同的视角出发往往得出不同的结果（Bates 和 Holton，1995），因此，一些学者认为应该将绩效区分为组织绩效、流程绩效和员工绩效（Brache，1995），从而便于从不同的层面展开考察，不同的考察层面在企业绩效的测度上往往出现极具差异性的指标。因而，受企业价值观影响，为了便于展开并避免测度指标的混乱，我们考察的企业绩效主要是组织层面的绩效。对此，国内外学者也提出了一些差异性的观点，如 Guzzo（1988）用组织的投入产出比来反映企业绩效，进而分析企业耗费各种资源和能源所带来的产出能力，但这种观点明显的不足之处在于，未能考虑企业投入和产出的社会影响，也

① Ronald H. Coase. The Nature of the Firm［J］. Economica，1937：286－405.

就是说，如果将企业外部的一些因素加以考虑，仅仅投入产出比一个指标就不能全面反映企业绩效的整体状态。随后，Bredrup（1995）开始从效率、有效性和适应力三个维度考察企业绩效的真实整体状态，其中，效率对应着投入产出比，有效性是企业对各种社会需求的满足程度，而适应力则是企业在应对各种外部变化时的反应①。受此影响，Fortuin（1998）用一系列与企业效率、效能有关的指标来测度企业绩效，反映出企业在管理、技术等方面的变革对综合绩效的影响。早在1999年，中国财政部统计评价司在《企业绩效评价问答》（1999）中就开始将企业绩效定义为企业在一定时期内的经营效益和经营业绩，前者可以用当期利润、营运水平、偿债能力、发展潜力等来反映，后者主要是通过企业在经营、成长、发展过程中取得的成果和贡献来衡量。

综观这些不同的观点，从绩效的本质来看，企业绩效所表示的就是企业的经营业绩和成效，且这些成效的取得均发生于特定的时间段，是衡量企业组织或经济人从事该项活动的效率。对其的深入理解则主要存在三种观点：一是以Campbell（1990）为主要代表的学者主张将绩效视为一种行为，它会受到系统一系列因素的影响，则其必须区别于结果；二是以Kane和Mitchell（1996）为代表的学者主张将绩效视为结果，且明确指出这种结果与组织最初设定的目标息息相关；三是以Bmmbradi（1988）为代表的学者主张将绩效视为行为和结果的综合体。而组织绩效则专门强调是对组织战略实施效果的检测，产生于抽象化的推演过程，这在Campbell（1977）的论述中就可窥见一斑，他指出为得到组织绩效必须构建相应的理论模型，无法套用直观的定义。Rouekert、Walker和Roering（1985）则进一步将企业绩效定义为效率、效能和适应性三方面的综合反映，其中，效率用来衡量企业资源的投入产出，可用投资报酬率测度；效能则侧重于对企业所提供的产品或服务的衡量，可用销售增长率或市场占有率测度；适应性则关注企业的市场应变性能，可用新产品销售量（率）测度②。

通过上述分析，在本书中，基于中国的国情和企业价值观的基本追求，为了便于展开并避免测度指标的混乱，我们考察的企业绩效主要是组织层面的绩效，

---

① H. Bredrup. Background for Performance Management［M］. Springer Netherlands, 1995.

② R. W. Ruekert, O. C. Walker, K. J. R. Oering. The Organization of Marketing Activities: A Contingency Theory of Structure and Performance［J］. Journal of Marketing, 1985, 49（1）: 13-25.

对企业绩效的测量主要是从企业经营的效率和效果两个方面展开，前者通过企业经营的过程来表现，后者通过企业经营的最终结果来体现。从企业生态创新的角度来看，以生态创新来提升企业绩效意味着企业在生产经营的过程中，企业的投入、产出等各种行动旨在不断提升资源和能源的使用效率，并不断降低对环境的负面影响，其中蕴含了通过增强对资源、能源的使用优化及促进环境改善来提升企业的市场竞争优势。在这个过程中，企业通过积极的生态创新，提高了资源生产力，满足社会环境产品需求，促进环境改善，提高了企业的产出效率和竞争力。因此，从生态创新的角度，本书对企业绩效考察的着力点主要放在了企业的可持续发展的竞争力方面，从而对企业绩效的考察侧重于企业的市场经济绩效和环境绩效两个维度，从生态创新视角考察其与企业绩效改善的基本关系可以通过图 2－1 呈现出来。

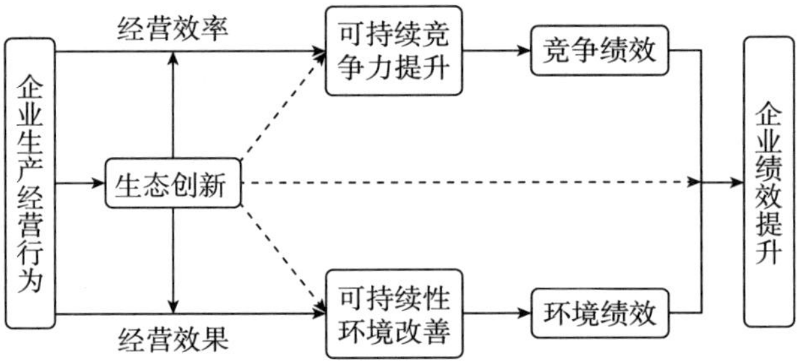

图 2－1　生态创新与企业绩效改善

（二）企业绩效评价维度及其测量

关于组织绩效的具体测度方法则主要包含以下几种：一是以组织目标为核心的目标法，其所衡量的是组织自我目标的实现程度，该方法具有一定的客观性但对于多目标企业而言，使用起来存在较大的难度；二是以资源理论为基础的系统法，通过将组织获取稀缺资源的能力作为衡量标准，该方法虽然克服了目标法使用的单一性，但同样忽略了利益相关者的感受；三是以利益相关者理论为基础的多元顾客法，主要关注对相关利益者需求的满足程度，该方法成功克服了目标法和系统法的缺陷，但自身的执行难度也远超过上述两种方法。至于组织绩效具体评价指标的选择，目前主要分为财务指标和非财务指标，主观指标和客观指标，单维指标和多维指标，绝对指标和相对指标等。[①] 其中，对财务指标与非财务指标的运用最为普遍；主观指标和客观指标则是按照指标信息来源进行分类，客观指标多指财务指标；单维指标和多维指标则产生于管理者对企业长期成长的关注，需要综合考虑对企业发展具有影响的多方因素；绝对指标和相对指标则是按照企业间是否可比来进行划分。

从企业可持续经济绩效的角度看，由于企业的竞争力通常集中表现为企业在市场竞争中的获益能力，一旦我们用企业的生态创新来追求可持续的竞争优势时，企业生态创新所带来的企业竞争力提升就可以通过经济性和非经济性指标来加以衡量，前者如市场销售、新产品的市场占有率等经济性指标，后者主要表现为对企业内部性能的改善，如产出能力、工艺改进、管理提升等非经济性指标，同时也涵盖了一些能表征企业未来发展前景的指标（Kemp & Horbach，2008），从而我们可以从以下四个维度来测量企业在生态创新影响下的经济绩效，即市场表现指标、产出过程指标、要素投入指标以及一些综合性指标。对企业环境绩效而言，企业生产经营活动的环境影响评价是一个重要的话题，对于这个问题，在环境研究领域已经形成了一些比较成熟的测量方法和技术，比如基于对企业产出过程、产品及其服务的环境影响进行跟踪、识别、分析与评价而形成的产品生命周期评价法（LCA）[②]；而且，国际环境毒理与化学学会（SETAC）[③] 和国际标准化组织在 ISO 14042 相关标准中也对产出的环境影响类别划分给出了指导意见，这些为测量生态创新的环境绩效提供了启发。一般来讲，环境影响的测量可以分为两种方法：直接法和间接法。直接法直接测量企业行为对环境危害的减弱程度或者说减弱量，比如单位产出中不可再生能源的投入减少量，企业生产的废弃物排放或者有毒气体排放量的降低，这些指标往往是定量的和标准化的；间接法通常是将企业生产的环境影响进行货币化衡量，并统一到相应的经济指

① 张凤海．动态能力对新企业绩效的影响机理研究［D］．大连理工大学博士学位论文，2013.

② LCA（Life Cycle Assessment）已纳入 ISO14000 环境管理系列而成为国际上环境管理和产品设计的一个重要支持工具。其定义为对某个产品系统全生命周期的输入、输出和潜在环境、能源、经济影响进行评估的过程。

③ SETAC（International Society for Environmental Toxicology and Chemistry）于 1990 年首次主持召开了有关生命周期评价的国际研讨会。在此次会议上，“生命周期评价”的概念首次被提出。

标中，比如测量企业为生态创新而投入的设备改造支出等，即（PACE）①。在上述分析的基础上可以看出，对企业生态创新影响下的企业绩效的测量，可以考虑从表2－2所示的维度和相关指标展开，在实际的应用中可以单独或综合使用。

表2－2　生态创新影响下企业绩效测量的主要维度及相关指标选择

维度	指标类	相关指标举例
市场表现	市场销售能力	新产品市场份额、营销网络、交易费用，销售费用
	市场应变能力	市场适应能力，市场学习和跟进能力等
过程管理	要素投入	研发人员规模与结构、技术资源投入的规模与结构等
	研发能力	研发投入及其在销售收入中的比重、项目研发成功率、研发时间投入、新品产值率等
	创新管理	制度有效性、部门效率、部门间的协作效率等
综合经济指标	获利指标	利润、投资收益率、销售利润率、投资回收期、原材料投入产出比等
	成本指标	成本变化率、销售成本变化率、机会成本变化等
环境影响	环境效益	有毒有害气体排放、能源消耗、水污染、噪声等，污染减量支出

第二节　企业生态创新及其影响因素研究述评

理论界一致认为，生态创新虽然萌芽于20世纪70年代的可持续发展理念，但其概念的正式提出应是1996年，Fussier和James在其著作《驱动生态创新：创新突破和可持续》中给出了明确的定义。在此后的30多年时间里，对于环境污染的关注一度加速了企业生态创新的相关研究，以Starik和Marcus（2000），Murillo－Luna、Garces－Ayerbe和Rivera－Tomes（2008）为代表的学者甚至认为，它已经发展为企业社会责任理论、环境管理理论与创新理论的交叉领域。

① PACE：1986年，PRTM提出了产品开发流程的PACE（Product and Cycle－time Excellence，产品及生命周期优化法）这一概念。

一、企业生态创新的基本研究脉络

（一）可持续发展理论视角

可持续发展理论（Sustainable Development Theory）的形成走过了较长的历史时期。在20世纪五六十年代，世界经济快速发展，城市化进程加快，经济社会发展对自然环境产生了巨大的压力。1962年，美国生化学家Carson出版了描述化学农药污染环境的可怕景象的著作《寂静的春天》，引起了人们对经济和社会发展模式的思考；随后，Barbara Ward和Rene Dubos于1972年出版名著《只有一个地球》，可持续发展观念开始出现；罗马俱乐部1972年在《增长的极限》（*The Limits to Growth*）中明确提出了“合理、持久均衡发展”的观点；1983年，联合国大会批准设立世界环境与发展委员会（WCED），并于1987年发布布伦特兰报告，通过《东京宣言》，正式提出“可持续发展”概念，对人类社会共同关心的经济社会发展与环境之间的关系问题进行了深入的探讨，呼吁各国将可持续发展纳入发展目标；随后，WCED（1992）组织通过《里约宣言》，签署《21世纪议程》，广泛认可和接受了可持续发展理念。

自环境与发展的问题引起人们的热议以来，关于可持续发展就出现了多种不同的认识，其中被广泛认可和接受的是WCED倡导的概念，即可持续发展是既能满足当代人的需求又不危害后代人需求满足的发展状态。[①] 这个概念呈现了从时空角度对人类社会发展变化与环境友好关系的审视，其在狭义上强调资源和环境在人类社会发展过程中的可持续性，即以最小的环境代价谋取最大社会经济效益，其在广义上是对人类与自然和谐发展的持久性的考虑，在根本上倡导了一种新型的人与自然的关系，核心在于辨识人类发展与环境保护的和谐状态，从而以保护自然、环境友好的发展责任感来规范人类的行为，实现发展与环境的和谐是终极追求。由此看来，一方面，可持续发展的本质在于维持经济系统和自然系统的可恢复性，实现经济与环境的动态平衡（Conway，1987；Barbier，1987），这引申出的重要问题是促进人类社会不断前进发展的经济系统要具备对环境变化的动态适应能力（Bernstein，1990）。因而，从更加贴近现实的角度考察，可持续

① 1987年，挪威前首相——布兰特朗夫人在《我们共同的未来》这一报告中提出。

发展事实上在强调一种不超越环境系统再生产和更新能力的发展状态，即以最佳的生态系统来支撑人类发展意愿的实现（INTECOL & IUBS，1991）①。另一方面，Tietenberg（1988）认为公平性是可持续发展理念的核心，当代人满足自我需求的过程损害自然环境进而降低后代人对自我需求的满足就是一种最大的不公平，在此基础上，Pearce（1989）指出代际公平是可持续发展的基本要求，Serageldin（1995）进一步将这种观点描述为自然环境可以赋予我们的后代至少和我们一样多的人均财富。

经过30多年的发展和探索，可持续发展理论形成了一些基本共识，牛文元（2014）将其概括为三个方面：一是坚持以科技创新提供发展动力；二是不以生态环境为代价换取财富增加；三是要实现共建共享，促进和谐公平，追求公平发展的状态，并凝练出可持续发展理论与内涵中的动力、质量和公平三个元素②。可见，从具体实践的角度看，可持续发展的基本要求包括以可持续发展促进对贫困的消除从而减弱直至遏制资源退化，以发展的质量追求产出过程中的清洁化以降低环境污染，以发展的公平性实现消除贫困基础上的共同发展，以积极的社会制度变革来提供可持续发展得以落实的切实保障。在可持续发展水平及其潜力的实际测量中，以下三个方面的基本要素构筑起对可持续发展水平与状态的基本判断，这些要素包括：一是环境承载力，即区域资源的质和量对区域代际人口生存与发展的支撑；二是清洁生产力，即区域社会在低环境损害的情况下开发和利用资源形成环境友好型产出的能力；三是环境适应力，即区域社会的清洁发展机制对环境变化的适应性，包括了环境与发展管理理念和架构的适时调整。

（二）企业社会责任理论视角

企业社会责任的产生和发展走过了相当长的历程。美国著名社会学者 Albfon Small（1895）关于企业行为应该得到公众信任的观点标志着企业社会责任理论的萌芽，但直到 Sheldon（1924）才初步明确提出了企业社会责任的概念。到20世纪50年代，企业社会责任的内涵和外延才拓展至消费者权益保护、职工福利、

---

① INTECO 全称为 International Union of Ecology，IUBS 全称为 International Union of Biological Sciences。1991年11月，联合国举行了关于可持续发展问题的专题研讨会，将可持续发展定义为保护和加强环境系统的生产和更新能力，其含义为可持续发展是不超越环境、系统更新能力的发展。

② 牛文元．可持续发展理论内涵的三元素［J］．中国科学院院刊，2014，29（4）：410－415.

环境保护等领域。随后，企业社会责任理念开始逐步为社会所广泛接受。到20世纪70年代，随着生产要素、贸易规制、市场等的全球化步伐加快，生产资源在全球范围内的优化配置成为可能，这不仅带来了全球经济的快速发展，也改变了全球的传统利益分配格局。在这种背景下，各种利益矛盾相互交织、冲突，使得企业社会责任问题开始成为利益集团争夺的新形式，导致企业社会责任的理论和实践研究得到极大的推动。20世纪90年代以后，企业社会责任理论的内容不断得到丰富和拓展，企业的社会责任问题不再局限于一种企业发展的理念，更重要的是在实践中的落实。现在，日益增多的企业开始调整自身的治理模式，不断从追求以盈利为目标的理念转型为通过获取多元化支持进而博取多元利益的经营格局，而且，社会各界对环境问题、消费者权益维护和可持续发展问题的关注也在客观上提供了促成企业社会责任理论快速发展的动力。

从企业社会责任理论视角入手，可以将企业生态创新视为组织为履行自我社会责任而采取的必要行为，之所以强调是一种“必要行为”正是基于企业社会责任理论所始终主张的观点，即企业与社会是相互交织而非独立的实体存在，这就意味着社会对企业是存在期许的而非放任无视，至于“期许”的内容则是企业行为的制度合法性和责任承担性（Wood，1991）。随着环境污染问题的日益凸显，社会对于企业自然多了新的、更具体的“期许”，即 Reid 和 Miedzinski（2008）所指出的“企业提供的产品，相对于现有其他产品或方法，在整个生命周期使用最少的自然资源和释放最少的有毒物质”①，且它已成为企业社会责任的重要组成部分（Babiak & Trendafilova，2011）。即使从企业角度分析，生态创新所实现的也并非仅仅是对责任的承担，而是收益与环保双重目标的共同实现（Fussier & James，1996）。因此，以 Burke 和 Logsdon（1996）、Porter 和 Kramer（2006）、Siegel（2009）和 Bhattacharyya（2010）为代表的一批学者更是将这种企业社会责任上升为战略性责任，成功实现了环境责任与企业核心业务的关联。但在二元目标性下又同时引发出理论界新的争议，即企业最初愿意承担环境责任的动机到底是哪种？是战略规划中就已明确了的目标追求（McWilliams & Siegel，2010），还是履行过程中无意获取的额外收益（董颖和石磊，2010）？

① A Reid，M Miedzinski. ECO - Innovation［R］. Final Report for Sectoral Innovation Watch，2011.

（三）环境管理理论视角

从环境管理理论视角来说，它直接将企业生态创新由单一的行为上升为组织的环境管理战略，这样对于企业生态创新的研究就转变为对企业环保战略的分析。由于环境管理理论的核心问题就是寻找最佳的环保战略方案，以此实现组织自身压力的减缓，这也就使得该理论学派的研究主要基于 Miles、Snow、Meyer 和 Coleman（1978）四种基本应变战略，并最终形成了两个主要类型，即积极主动战略和被动反应战略①。Aragon - Correa 和 Sharma（2003）进一步指出两种应变战略有着不同的侧重点，至于企业在实际运营过程中具体采取何种应根据面临的具体环境问题灵活选择；Berrone、Fosfuri、Gelabert 和 Gomez - Mejia（2013）就指出，若是环境防治为企业所需解决的首要问题则应采取主动环保战略。Murillo - Luna、Garces - Ayerbe 和 Rivera - Torres（2008）指出其基本类型也可分为被动型、法规导向、利益相关者导向、全面环境质量管理；Slawinski 和 Bansal（2012）则主张依据战略特性分为集中战略和整合战略。事实上，无论具体做何种划分，环境管理理论学派所关注的焦点都是对企业自身竞争优势的“绿色获取”，即 Noci 和 Verganti（1999）所谓的“通过产品、工艺和管理等方面的创新将环境问题整合到公司战略”②。

（四）创新管理理论视角

从本质上看，企业生态创新仍然属于企业创新的范畴，因而对企业创新理论和创新管理理论的深刻认识将构筑起企业生态创新认识的基石。Schumpeter 在《经济发展理论》中首次界定了“创新”的内涵，他认为创新是以新的生产要素、生产条件及其组合构筑新的产出函数并通过市场手段获取经济利益的经济行为过程。Schumpeter（1990）、黄燕（2001）和王洪（2002）都指出，创新包括：对新产品的开发或赋予原有产品以新的特性，或以新方法或形式来表现生产工艺或生产组织方式的变化、对新市场的开发、对新的原材料和中间品的获取，以及生产组织方式的新变革。这些新的变化可以归结为技术方面的创新、市场方面的

① R. E. Miles, C. C. Snow, A. D. Meyer, H. J. Coleman. Organizational Strategy, Structure and Process [J]. Academy of Management Review, 1978, 3 (3): 546 - 562.

② N. Giuliano, V. Roberto. Managing “Green” Product Innovationin Small Firms [J]. R&D Management, 1999 (29): 3 - 15.

创新和组织架构方面的创新（陈劲，2001）。根据 Schumpeter（1912，1990）的观点，创新过程是对旧有事物的毁灭性的创造，创新的过程是新的生产要素和新生产条件的新重组，其中蕴含的创新的动态变化以及创新对经济系统作用的观念对后来的研究产生了深远的影响。众多学者在随后的研究中，不断地明晰着创新的一系列特性，认为作为经济现象的创新其很大一部分是由直接存在或潜在存在市场上的经济或非经济需求所决定的，影响技术变迁的因素和（或）技术本身的特性塑造了可能的创新边界，创新所带来的经济特性和创新的技术本身之间存在彼此依赖与制约关系，创新的制度安排等非技术因素会对创新产生重要影响，随着时间推移，影响创新的相关因素的变化会塑造创新的动态变迁过程。

从创新管理理论视角入手，它对于生态创新的定位就是无数创新种类中的一种，同技术创新、制度创新并没有本质的区别，只是所采取的方法或关注的结果均以环境为出发点。以 Greeno（1992）、Kemp（1997）、Rennings（2000）及 Kemp 和 Oltra（2011）为典型代表，学者们率先实现了生态创新与传统创新类型的分离。发展至今主要形成三个研究发现：第一个以 Steger（1996）为代表，立足于企业业务流程，研究侧重点在于生态创新概念框架的合理架构，进而发现企业提高自身生态效能的可行路径；第二个以 Noci 和 Verganti（1999）为典型代表，关注企业具体生产技术方法的绿色化改进，虽然可以实现企业短期内的生产绿色化但却需要付出较高的成本；第三个以 Kemp 和 Oltra（2011）为主要代表，其工作重心主要是为企业生产提供绿色、生态性的引导，即通过识别绿色解决方案或设计准则定义最具生态效能的产品标准，至于后续的行为发生并未给予过多的关注。可以说，创新管理理论试图解决的是“生态创新应该怎么做”这一问题。

（五）利益相关者理论视角

从字面的意思来看，利益相关者指的是那些与组织生存和发展有密切关系的群体。利益相关者理论（Stakeholder Theory）在 20 世纪 60 年代的崛起与当时的时代背景密切相关。自 20 世纪 60 年代末期开始，奉行“股东至上”的企业发展理论的美国和英国等国家的宏观经济遭遇困境，与此同时，追求“利益相关者价值”最大化的德国、日本等国家的经济却发展迅猛。一些西方学者认为，这种情形出现的主要原因在于，追求股东价值最大化的企业治理模式使得管理人员的思维和行动受到短期目标的压制而无暇顾及企业的长远利益，从而使公司在中长期发展中遭遇难题；而德国和日本等经济体对企业利益相关者价值的关注，使得企业的中长期发展战略的制定更加合理且具人本思想。现在来看，尽管很难将英国和美国企业在当时遇到的难题全部归咎于此，但这种现实的反差也确实使理论和实务界开始反思企业自身的治理模式并转而学习德国和日本的经验。此外，进入20世纪70年代以后，企业社会责任和环境保护问题日益严峻，这也成为“利益相关者理论”崛起的重要现实推手，人们对奉行股东利益最大化的传统企业治理模式的弊端的认识日益深刻。随后，学术界开始出现大量有针对性的研究，在Freeman（1984）、Clarkson（1993）、Jones（1995）和Donaldson（1995）等的努力和推动下，利益相关者理论迅速发展并在众多的理论和实践研究中得到广泛应用。

从利益相关者理论视角入手，则立足于该理论的核心观点即组织与利益者间存在相互影响关系（Freeman，1984），但组织会以重要利益相关者的诉求为目标设定标准，以实现其利益的最大化满足。在生态创新问题上，也就必然关注于不同类型利益相关者行为对组织的影响。

二、生态创新影响因素的研究述评

对于企业生态创新影响因素的研究与各理论对其概念内涵的理解密切相关，早期以企业社会责任理论为基础理论的研究主要关注外部因素的效用，即来自于政府的制度压力、市场自身的需求等，将企业自身排除在视野外。随着分析的深入，近年来不少学者开始基于不同的理论基础，更多地探索来自企业自身的影响因素。

（一）制度层面

从制度层面来看，研究主要依据的理论基础为企业社会责任理论和利益相关者理论，因此格外关注外生因素的作用路径，尤其是不同利益相关者的各种制度压力。Murillo－Luna等（2008）指出，企业的主要目标是妥善处理受环境影响的组织与利益团体间的关系，这也就意味着企业的具体任务包括对绿色利益团体的准确识别和对环保制度的实时回应。至于对利益集团压力的研究主要是以实证形式展开，既有对个体的考察，也有对共性的探索。其中，来自于政府管理者的制度压力是关注的重点，Horbach（2008）指出，生态创新的正外部效应决定了规制必然成为创新的驱动因素，事实上早在1995年，Porter和Van der Linde（1995）就已经发现，对于企业而言，创新行为的有效激发主要建立于制度的合理性基础上①，虽然未专门区分到底是何种创新，但也为后续的深入研究奠定了必要的理论基础。但必须指出的是，Horbach（2007，2012）研究结论的产生有其特定的前提假设，即企业在接受政府环境管制前从未预见到可能带来的额外收益，因此缺乏主动性，而且是否遵守这些环境规制将直接影响企业未来的收益，履行时间越早越能首先获取额外收益。在明确规制影响的基本路径后，学者们又进一步探索了规制差异可能导致的不同结果，即形成规制选择和规制设计两个学派：以Eiadat、Kelly、Roche和Eyadat（2008）为主要代表的规制选择学派关注的焦点就正是制度的类型差异可能引发的不同结果，例如，使用强制性工具（如排放标准、产品禁令、技术标准等）和市场工具（如排污征税、排污许可）所导致的不同治理效果，初期理论界更偏向于强制性工具的压制力效果，可近年来，Eiadat，Y.、Kelly，A.、Roche，R.和Eyadat（2008）却开始转向市场工具的引导性和刺激性。但不可否认的一点是，该理论存在一个重要缺陷，即选择行为只要发生就一定会成功执行的假设缺乏实践性。也正是基于此，部分学者开始摆脱类型限制，转而关注设计行为的完善，并逐渐形成了以关注制度制定为核心的规制设计学派，以Eiadat等（2008）和Kemp和Pontoglio（2011）为主要代表的学者们从理论角度论证发现，制度自身的严厉性、灵活性、稳定性、可预测性、可靠性特征将对管制成效产生重要影响，但Frondel、Horbach和Rennings（2008）的实证研究却发现这一规律并不适用于清洁生产技术。对于其他利益相关者的影响，Weng和Lin（2011）研究发现，只有将生态创新与企业收益相结合，才可能受到来自消费需求的刺激；Chen等（2012）和Zeng（2011）也证明了生态创新的多维性会影响消费需求的刺激效力。以Theyel（2000）为代表的学者们还分别考察了供应商、竞争者等其他主体对生态创新的影响。可以说这是对具体对象的验证考察，那么以Buysse和Verbeke（2003）、Murillo－Luna，Garces－Ayerbe和Rivera－Torres

① M. E. Porter，C. V. D. Linde. Greed and Competitive：An Underlying Logic Links the Environment，Resource Productivity，Innovation，and Competitiveness［J］. Harvard Business Review，1995，73（5）：120－129.

(2008), Damall、Henriques 和 Sadorsky (2010) 为代表的学者们则关注利益者群体诉求可能对企业生态创新产生的影响，至于利益者群体的划分则主要遵循两种思路：传统分类标准和利益者自身的环保意识强弱。

（二）组织层面

从组织层面来看，研究主要关注于企业自身的战略动机、架构以及自身能力等。具体而言，以 Frondel 等 (2007, 2008)、Horvathova (2012) 为代表的学者立足于战略高度，发现对于生产成本的压缩是企业乐意采取生态创新的重要动机，无论是采用具体的整合清洁技术还是构建环境管理系统，虽然是生态创新的不同形式，但最终都会对企业绩效增长产生正向促进效用。Demirel 和 Kesidou (2011) 更专门指出，对于成本的考虑是企业进行生态研发的最为显著的动机因素。他们的研究也间接证明，特定的动机将会对不同形式的生态创新产生不同的效用，企业应该在实际运用中灵活把握。在众多动机因素研究中，对于产品出口所产生的效用应该说存在的争议较大，Rehfeld、Rennings 和 Ziegler (2007) 的研究指出，企业工艺和产品的生态创新行为几乎不会对产品出口产生影响，而 Horbach (2008) 则在后续的研究中揭示了之所以如此，正是由于市场范围的影响，只有将企业置于更为广泛的国际市场，企业方能在激烈的竞争中意识到来自生态创新的正向促进效用。De Marchi (2012) 却发现产品出口反而会阻碍促进健康和安全的环保创新。Horbach (2008)、Rehfeld 等 (2007)、Horbach 等 (2012) 则从企业自身的研发水平着眼，发现研发频繁的企业更容易实现生态创新，但这之中对工艺形式生态创新的正向性却并不十分显著。Horbach 等 (2012) 还进一步发现，企业若是以购买专利的形式来进行生产绿色化，无法对生态创新产生正向影响。Hammar 和 Lofgren (2010) 则在对专门技术改善效用的研究中发现，即使环保研发投入很大也无法对企业清洁生产技术产生同等的效用；Cheng 和 Shiu (2012) 则发现来自企业战略的创新行为将直接对生态创新产生推动效用。Cleff 和 Rennings (1999) 和 Horbach (2008) 也指出，扩大销售的目标追求将对生态产品创新产生显著的推动效用，而对于其他类型的生态创新形式则效用不大。鉴于环境管理工具在企业实施环保责任中的频繁使用，研究者们对其也专门进行了研究，并形成了两种完全相反的观点，以 Demirel 和 Kesidou (2011) 为代表的学者们认为环境管理工具对生态创新没有直接的刺激效用。但在实证研究中，Rehfeld 等（2007），Wagner（2008），Horbach、Rammer 和 Rennings（2012）则进一步发现，不能简单定义 EMS 是否对生态创新具有刺激效用，它必须结合生态创新的类型和测度方法进行更为细致的检验，例如，Horbach、Rammer 和 Rennings（2012）研究发现，EMS 对生态产品和工艺创新具有显著的正面影响；Demirel 和 Kesidou（2011）则发现，EMS 会对 EOP 技术与整合清洁生产技术产生两种不同的效用；Kesidou 和 Demirel（2012）则发现 EMS 对生态创新投资决策及投资水平具有显著的正面影响。此外，Menguc、Auh 和 Ozanne（2010），Uhlaner、Berent－Braun、Jeurissen 和 de Wit（2012），Horbach、Rammer 和 Rennings（2012）等对于可能影响企业生态创新的其他因素如创业导向、创新导向、改善路径、市场地位等进行了相关的研究，也得出了一系列相关的结论。

（三）个体层面

1. 企业资源与能力因素

从企业自身的资源与能力来看，Demirel 和 Kesidou（2011）发现，基于自律的企业社会责任（CSR）是企业进行环保创新的重要驱动力，但对于 EOP、整合清洁生产技术、生态研发收效甚微；Kesidou 和 Demirel（2012）则进一步发现，来自社会责任的刺激效用在作用于企业生态创新投资决策时虽不具备显著性，但却能明显提升企业整体的生态投资水平；Chang（2011）也指出，作为企业文化形态的环境伦理能显著激发企业生态创新行为，其主要是通过作用于产品和工艺创新而间接影响企业的生态创新；Tsai、Chuang、Chao 和 Chang（2012）也证明了企业市场导向型文化会对生态产品开发、绿色管理产生显著的正向影响。Horbach、Rammer 和 Rennings（2012），Johnston 和 Linton（2000）立足于企业内外部社会环境，发现企业自身构建的外部网络将直接决定未来可以获取的有关生态创新的信息和资源，这其中来自焦点企业与咨询机构、媒体等构成的公共网络不会对企业生态创新产生正向影响，正向刺激效用只会产生于企业间的联系，而内部架构则会影响部门间的协作效果。Horbach（2008），Horbach、Rammer 和 Rennings（2012）则更直接指出外部研发合作对企业生态创新具有显著的正向影响；De Marchi（2012）则主张企业和供应商、高校和科研机构间多进行研发合作，这将对环保创新产生显著的正向影响，若只是关注客户、竞争者则并无显著的正向影响。Petruzzelli、Dangelico、Rotolo 和 Albino（2011）却专门指出，只有组织内的研发合作对生态创新的价值正向影响显著，那些来自于组织间的研发合作对生态创新的价值影响并不显著。Ho、Lin 和 Chiang（2009），Weng 和 Lin（2011）则发现，企业员工素质的提升将对生态创新产生显著的正向影响，但这与 Horbach（2008）的主张却正好相反，他发现大学学历员工比例仅与传统创新显著正相关，与生态创新呈负相关或不相关。De Marchi（2012），Horbach、Rammer 和 Rennings（2012）发现对企业的设备进行升级将仅对生态创新产生显著的正向影响，不会影响生态创新投资水平。Chen（2008，2012）则指出，绿色核心能力、环境能力均会对企业生态创新或环保战略产生显著的正向影响；Ho、Lin 和 Chiang（2009），Fong 和 Chang（2012）则发现知识积累与组织学习也会对企业生态创新或环保战略产生显著的正向影响；Horbach（2008）发现销售增长率并没有对企业生态创新产生显著的影响。而 Pereira 和 Vence（2012）在综合考虑企业规模、年龄、所属行业等组织基本特征后发现，企业规模的大小与企业生态创新具有正相关性，而 Chiu 和 Sharfman（2009）则指出企业知名度的高低也与企业生态创新正相关，这主要是来自制度压力所产生的刺激。Pereira 和 Vence（2012）指出企业年龄对生态创新的影响具有两面性：一方面可以为生态创新提供知识储备，但另一方面在此过程中形成的组织惯性也会产生阻碍效应。

2. 组织管理者因素

从个体层面来看，高管的环保意识、态度、主观规范等是主要的考察因素。Gadenne、Kennedy 和 McKeiver（2009）就专门对高管环保意识的内涵进行了解读，指出它主要包括企业高管对企业行为负面影响环境的认知程度和相应的环保收益意识，在此基础上他进一步发现高管环保意识的强弱将直接作用其逐利动机，进而对企业生态创新行为产生刺激效用，当然这种驱动也可以来自高管对社会责任的认识。而早在 2000 年，Sharma 就在实证的过程中发现了来自高管意识形态的效用，它会直接影响企业组织环保战略的制度，只是当时他未在此基础上进一步探知其最终作用的路径和结果；Chang（2011）则在 Sharma 研究的基础上对环保战略与生态创新间的互动路径进行了更为细致的梳理，指出企业高管对环保问题的重视程度将首先影响企业环保战略的类型，即采取前瞻性环保战略还是响应性环保战略，这一选择又将进一步影响企业生态创新的积极性，企业越是采取前瞻性环保战略，越可能进行生态创新。Gadenne、Kennedy 和 McKeiver

（2009）的研究还专门指出，高管的环保意识对企业外部环保支持措施影响有限。Drumwright（1994）立足于高管的言行，深入研究了其商业承诺的效用。Fineman（1997）则进一步指出，源于个体自身信念与价值观的承诺将对企业的环保导向和战略制定直接产生影响。Huang、Ding 和 Kao（2009）更明确地指出，来自于高管承诺的政治推动力将成为企业生态创新的有力支撑力量，二者彼此间正相关。Hart（1995）、Russo 和 Fouts（1997）则发现，高管承诺效力的保障正是源于其对生态创新对跨职能合作需要的充分保障，Ho、Lin 和 Chiang（2009）与 Weng 和 Lin（2011）进一步对保障的实现方式进行了解释，即能够凭借高管的承诺与支持确保企业不同部门之间的协调和沟通更加顺畅；Ramus 和 Steger（2000）还发现，来自高管的承诺同样能对企业职工产生刺激效应，能充分调动其创新动力和激情，这也在 Del Rio Gonzalez（2005）、Qi 等（2010）、Weng 和 Lin（2011）的实证研究中得到了验证。总体来看，对于个体层面影响因素的实证研究还是多集中于高管的态度、主观规范和行为控制感对企业生态创新意向和行为的影响，Ashford（1993），Dieleman 和 de Hoo（1993），Kemp（1993）等越来越认同高管态度与企业治污行为间的同向变动关系，他们若是持有抵制或不认同态度，则将直接导致其环境治理行为的缺失；Cordano 和 Frieze（2000）补充发现，他们的"抵制"或不作为通常就表现为环保规制的必要遵守，这会导致主动的、积极的治污行为的缺乏，这也得到 Cordano 和 Frieze（2000）、Gaderme 等（2009）等后续研究者的认可；Chen 和 Vang（2012）则指出，高管社会压力感对企业采取绿色措施只产生并不显著的负向影响；Chou、Chen 和 Wang（2012）却发现，高管行为控制感与企业采取绿色措施的意向显著正相关。

第三节 企业绩效评价及其影响因素研究述评

一、企业绩效评价

企业经营绩效一直是理论界与实务界关注的焦点，在规范研究与实证研究方面均取得了丰硕的成果，而对于企业经营绩效的评价也随着人们认知的逐步成熟而不断发展。总体而言，国内外的研究主要集中于不同研究视角下的企业经营绩效评价，即基于企业行为可持续发展、社会责任视角的企业绩效评价研究。

1979 年，Prakash 就通过构建概念模型分别研究了企业在不同风俗和社会文化下的反应模式，并将其归结为企业行为、社会归属、社会责任及社会反应。Lee 和 Kim（1995）构建了结合财务和非财务绩效的企业综合绩效评价模型；Asbjorn Rolstadas（1998）则进一步提出了企业绩效评价可采用的有效指标：效率、效应、质量、生产率、职工生活质量、创新能力和盈利能力，并构建了从基本过程到支撑过程和发展过程三个方面的绩效评价模型；Feng 和 Wang（2000）运用灰色关联分析法选出了具有代表性的指标，在此基础上进一步构建了包含财务比率指标的企业绩效评价模型。Bassioni（2005）通过专家访谈和案例研究的方式构建了建筑行业企业绩效评估的概念性框架，并发现了绩效推动的主要影响因素；Juan Jose Alfaro Saiz（2007）则以欧洲项目为研究背景，构建了一个企业网络的绩效评价系统，并详细分析了企业绩效评价的过程和方法；Wen 和 Chen（2008），Fang、Chiu 和 Chen（2009）也分别从不同的角度构建了与行业相适应的绩效评估系统；Nilsen Karakas（2009）则通过运用模糊评价法构建了包含五个维度 16 个财务指标与非财务指标的企业绩效模糊评价模型，并运用在伊斯坦布尔证券交易所上市的 15 家土耳其水泥企业的相关数据进行了实证检验；Zhao 等（2012）则选择了以中国工商银行为代表的四大商业银行和招商银行、华夏银行 2010 年的实际经营数据，建立了以价值创造为核心的商业银行绩效评价体系，以便真实地反映商业银行的实际经营绩效；Wang 和 Hao（2012）则选择了 26 个指标并运用模糊综合评价法和层次分析法构建了全新的模糊综合评价模型和系统；Torkamani 等（2012）则突破传统指标选择视角，构建了可对企业的过去、当前和未来进行测度的绩效评价模型，其最终研究表明，理想绩效和现实绩效在顾客范围、内部财务流程以及企业的学习和成长方面存在着显著的差异。

二、企业绩效影响因素的研究述评

对于企业绩效的影响因素研究也是理论界的研究热点，Lin 和 Tan（2013）就通过综合运用 DEA 法①、SNA② 发现，组织成员间的关系和他们的绩效存在着正相关关系；Chou（2013）则通过构建比较台湾公共和私人教育系统技术绩效的绩效评价模型，发现核心技术匹配、核心能力以及专业化的决策技术绩效扮演了技术的角色，达到一定技术成就的技术激励很大程度上影响着员工参与度和企业的核心能力。

（一）基于环境管理理论的研究

基于环境管理理论的绩效评价研究产生于可持续发展概念基础上，VanSomeren（1995）首先从企业层面对可持续发展概念进行了剖析，指出这一概念的本质就是一个复杂的系统，其中企业创新是其主要实现方式。Simon（1996）在他的研究基础上对“复杂性”进行了更深入的解读，其本质就是系统内各子系统间的相互依存度，且依存度越高，系统就越复杂；而从绩效评价的角度解读企业可持续发展，关注的焦点或需要解决的首要问题就是企业保持长期继续运营的能力，而这主要建立于利益相关者关系持续维系。至于企业可持续发展的绩效评价，以 Daniel Tyteca、Frans Berkhout、Julia Hertin（2002）等为代表的学者，通过选择物理指标、企业管理指标等研究了可持续投入对企业经济活动的影响，指出废气排放度可以在很大程度上反映企业的可持续绩效。Perrini 和 Tencati（2006）则通过中小企业的实际管理要求构建了企业可持续发展能力的监测系统；Monica 等（2007）则进一步识别了企业绩效评价的主要特征；Chvatalova、Kocmanova、Docekalova（2011）和 Hfebi Sek、Stencl、Trenz Soukopova（2012）则在分析企业可持续报告的基础上，提出了企业在经济性绩效方面应采用的主要评价指标；Hall、Wagner（2012）则分析了企业的经济效益和可持续绩效指标的关系，指出企业可持续管理的经济和可持续绩效间正相关，而且绿色物流管理对可持续和运营绩效有正的激励作用；Searcy（2012）所构建的企业可持续发展绩效

① DEA（Data Envelopment Analysis），即数据包络分析法。

② SNA（Social Network Analysis），即社会网络分析。

评价（SPMS）系统，则有效识别了企业可持续发展绩效评价系统在设计、实施、使用和演变等方面的未来研究方向；Goyal、Rahman 和 Kazmi（2013）则发现大多数关于可持续绩效同企业绩效相关性的研究分析的都是发达国家，且大多数的研究中企业绩效几乎都被财务绩效所取代。

（二）基于利益相关者理论的研究

对利益相关者理论的出现进行追溯可以发现，Penrose（1959）提出的关于企业是资产和人际关系的集合观念为利益相关者理论的研究奠定了基础。随后，Rhenman（1963）将利益相关者定义为依靠企业实现个人目标进而促进企业发展的观点使得利益相关者的研究逐步成为一个独立的理论分支。此后的 30 多年，对利益相关者的不同认识多达几十种，直到 Freeman（1984）的观点出现，才使得学界对利益相关者的认识更加广泛和完善。Freeman（1984）认为，利益相关者是能够影响组织目标实现或者在组织目标实现过程中能产生不同作用的众多个体，很显然，这是一个更加广义的利益相关者概念，它不加区分地将所有的利益相关者置于影响组织目标实现的同一层面展开研究，这也构成了后续研究的重要局限。正如陈红辉（2003）所言，由于不同利益相关者在企业发展中所起作用的差异，简单地将所有的利益相关者视为一个整体进行研究和实践推广，无法得出令人信服的观点。

从总体上看，在利益相关者理论中，企业的股东、企业的债权人、管理者和普通雇员、消费者、供应商、政府、社区、居民、媒体和各种压力集团共同构成了企业的利益相关者。这些利益相关者和企业决策与发展密切相关，一些利益相关者分担企业发展的各种风险，一些为企业经营付出代价，一些对企业行为构成强有力的监督或制约，从而使得企业的决策和行为必须考虑他们的利益或者不得不接受他们的约束。在这个层面上，企业不仅仅需要考虑股东的感受，更要关心对各种利益相关者要求的回应，这种思想为后续的企业绩效评价的研究奠定了基础也拓宽了思路。如果我们接受 Coase（1937）的观点，将企业视为一系列契约的集合，那么所有与企业缔结各种契约的群体就是企业的利益相关者，他们共同为企业的生存和发展投入各种资源，企业的行为和基本的目标将不可避免地要考虑为利益相关者创造价值而非单纯地追求股东价值的最大化（Jensen，1976），从而企业的剩余控制权和剩余索取权安排应该围绕各个利益相关者的资源投入为基础而展开而非武断地集中对股东进行分配。这意味着，对利益相关者要求的满足应该成为企业绩效分析的重要构成部分。Rowley（1997）指出，利益相关者理论的研究首先需要合理地对利益相关者的类型进行区分和界定，这对于相关的理论研究和实践应用是关键的和基础性的（Stiglitz，1985）。尽管对利益相关者的界定并未形成统一的公认标准，但也存在一定的共识，就是利益相关者和企业的发展具有相当强的互动关系，企业的专用性投资与利益相关者具有重要的关联。这种认识对利益相关者理论的发展具有重要意义，也构成了后续研究的重要基础和启迪。总体上看，企业利益相关者理论的研究具有相当厚实的现实背景。最近一些年来，整个社会关于企业伦理、企业社会责任和环境污染问题的关注，使得企业识别相关问题的直接和间接利益相关者并采取切实有效的管理措施，成为企业发展和绩效管理中的重要问题。

（三）基于企业社会责任理论的研究

关于企业社会责任绩效研究发端于1924年，以Oliver Sheldon为代表的美国学者首次将企业社会责任与企业经营者满足产业内外各种人员需要的责任联系起来，并最终指出企业社会责任应该包括道德因素，企业经营应该有利于加强社区服务和社区利益①；Bowen（1953）则进一步给出了商业人士的社会责任的明确定义。近年来，Perera和Chaminda（2012）通过实验对比分析发现，企业的社会责任实施将对企业产品评价产生积极作用，而且较高的企业社会责任和品牌熟悉度能够带来积极的产品评价；Praveen K. Das和S. P. Uma Rao（2013）则发现，社会责任基金的绩效并不很明显。

直到目前为止，由于对企业社会责任考察视角的差别和社会经济发展赋予企业社会责任的内涵延伸，国内外的研究中对企业社会责任的理解和认识尚未形成完全统一的观点。比如Bowen（1953）认为，企业行为应该满足和符合社会的价值观，因此企业担负社会责任的意义在于其行为和目标能遵循社会的目标与价值追求，而McGuire（1963）指出，企业社会责任就是要使企业充分意识到，其行为与目标不可局限为对利润的单纯追求，也应该关注社会福祉、教育发展和民众利益的维护。Epstein（1987）则认为，企业履行社会责任时要致力于使企业决策

① O. Sheldon. The Philosophy of Management［M］. London: Sir I. Pitman, 1923.

的结果有利于而非有害于利益相关者，并据此判断企业行为结果的正当性；Robbins（1991）进一步将企业的社会责任上升为企业超越法律和经济的、有利于社会长远发展的行为责任。对于这些差别，正如 Carrol（1997）所言，不同的学者对企业社会责任的界定存在不同的局限，其困难之处在于企业社会责任对企业管理的作用究竟如何看待，因为企业在规模、产品属性、获利能力、投入资源、社会需求与关注度方面存在明显的差别，这导致其应履行的社会责任也存在当然的不一致。于是，Carrol（1997）认为，企业的社会责任应该是涵盖经济、法律、伦理的责任并内化为企业的自觉行动并在日常经营行为中进行预见性的行动。此后，世界企业可持续发展委员会（WBCSD）给出了企业社会责任的较正式的定义，认为企业为经济社会发展做出贡献的同时，应遵循社会道德规范，并致力于改善社会福祉（WBCSD，1998）。

事实上，对于有关企业承担社会责任方面的观点冲突由来已久，早在 20 世纪 30 年代，Berle（1931）在探讨企业管理者的受托人的性质与要求时指出，股东才是公司管理人员的真正受托人，无论是从司法还是道德角度，都应该防止管理人员放弃维护股东权益的任何可能性。但这种观点遭到 Dodd（1932）的激烈回应，Dodd（1932）认为，企业既是盈利机构，也是具有社会服务功能的经济机构，企业的管理者同时受托于向企业投入了各种生产资源的股东、债权人、雇员、消费者和广大公众，因此，企业应该自觉践行为这些生产资源投入者利益服务的社会责任。自 20 世纪 50 年代企业社会责任问题迅速发展以来，相关争论主要围绕三个方面展开：一是企业究竟要不要承担社会责任；二是哪些社会责任应该由企业来承担；三是企业究竟应该如何担负起这些社会责任。正是在这些方面的争论中，推动了企业社会责任理论的不断发展。在第一个问题上，Friedman、Hayek 和 Posner 是持反对意见的代表人物。Friedman（1970）认为，“在不违反游戏规则的前提下使用各种资源以增加利润是自由社会中存在且唯一存在的企业社会责任……企业社会责任是会在根本上动摇自由社会根基的颠覆性观点”①，他认为企业对社会责任的承担会冲淡企业对股东价值追求的责任，而且对社会责

① Friedman, M. The Social Responsibility of Business is to Increase Its Profits [J]. New York Times Magazine, 1970 (9): 13.

任的承担会增加企业成本，从而影响企业的市场竞争力和中长期发展。而 Miehael（2001）基于利益相关者理论针锋相对地认为，企业在中长期的持续发展必须依赖利益相关者的支持，对利益相关者利益的漠视只会降低企业对生产资源的获取，从而降低企业竞争优势，因而承担一定的社会责任是企业发展过程中的重要内容和目标。Jonce（1995）的研究支持了关注利益相关者价值的企业更有助于提高其市场竞争力。对第二个方面的问题，Carroll（1997）指出，经济、法律、道德、慈善等都是企业应该承担的社会责任范畴，相关学者进一步说明，这些社会责任范畴应该围绕企业的利益相关者展开，从而，使得企业的社会责任演化为企业对股东、债权人、政府、员工、客户、社会、环境等方面的责任。对于第三个方面的问题，利益相关者理论所蕴含的企业社会责任思想给予了较清晰的回答，即企业应该将企业发展和利益相关者的需求相对接，从而利益相关者的利益要求和实现形式直接决定了企业社会责任的内容及其行为和目标实现方式。作为倡导企业社会责任的、英国的代表性人物，Sheikh（1997）以英国企业发展事实的分析为依据，认为英国早就应该承认企业的社会责任，并提出在信托与博爱的原则下构建企业社会责任体系。

在上述分析的基础上，本书认为，企业作为一种获得司法认可和保护的法人，其为了出资人的利益和自身发展，必须以追求经济利益为基本目标，同时，由于其在实现基本目标的过程中，需要投入大量的社会资源，因此其必须为社会资源的损耗带给社会、环境的不良影响承担责任，这是企业发展对社会公平与正义和市场效益带来贡献的综合体现。从而，对企业社会责任的考量并非单纯的理论思辨，而是基于社会进步、制度变迁和企业发展的事实，利益相关者是影响企业生存和发展的关键利益方，他们不仅希望也相信企业有承担社会责任的能力。因此，企业社会责任强调的是，企业行为在追求经济利益的同时是符合社会道德规范的，它要求企业的行为和目标应当对利益相关者、对社会的可持续发展承担责任。

（四）基于企业创新管理理论的研究

承接 Schumpeter 关于创新的观点，创新理论沿着两个不同的方向开始拓展：一个是以 Edwin Mansfield、Morton Kamien、Nancy Schwartz 和 Freeman 为代表的以技术变革及其推广应用为研究对象的技术创新学派，和以 Douglass North 、Lance

Davis 和 Robert Thomus 为代表的将制度和创新结合起来研究制度因素与技术创新和经济效益之间关系的制度创新学派。前者的产生和发展受到了 20 世纪 50 年代以微电子技术为代表的技术革命对经济发展产生推动作用的影响，后者受到了 20 世纪 70 年代美国制度变革和经济增长之间关系的影响。但管理学大师 Drucker（1985）则从新的角度对创新进行了不同的区分，他认为创新可以分为技术创新和社会创新，技术创新是对已经存在的某种自然物品赋予新的应用和新的经济价值，社会创新则是为了获取更多的社会经济价值而对全新的管理模式、管理手段或者管理架构的创设。随着研究的不断深入，创新出现了众多的不同角度的分类。比如，根据创新的结果和效应将创新分为突破式创新和渐进式创新，其判断的基本标准是创新所带来的新旧之间的差异及其变化的彻底性；根据创新的驱动力将创新分为市场需求拉动和技术变迁推动，通常前者带来的创新多数是渐进的而后者带来的创新往往是突破式的；根据创新发生方式的不同可以将其分为程式化的创新和非程式化的创新，前者往往由预案或者计划产生而后者往往事发突然；根据创新对当前技术和组织制度调整的程度可以分为独立式创新和系统化创新。

以对创新本身的研究为基础，Tidd、Bessant 和 Pavitt（2004）从市场、技术和组织整合的角度研究了企业创新管理问题，他们指出，创新是一个需要企业切实管理的过程，组织管理施加给创新过程的作用最终会对结果产生积极影响，也就是说，创新可以被管理的观点是可以接受的。这意味着成功的创新管理要求积极地破除旧的惯习并建立一套新惯习来推动企业竞争力的提升，这个过程是企业历经长期学习和试错的结果。在此基础上，Tidd、Bessant 和 Pavitt（2004）给出了创新管理过程的惯习形成与发展路径，如图 2－2 所示。同时，创新管理应该是一种综合管理，对单一方面过度的管理资源投入往往不能得到预期的创新结果。国内的学者在 20 世纪 90 年代也开始加入相关的研究中，并从不同的角度提出了关于企业创新管理的不同观点，对创新管理的研究做出了积极的探索。比如芮明杰（1994）指出，企业创新管理是企业积极创造的、富有成效的生产资源整合模式，是针对企业目标和责任的新资源整合的全过程细节管理；杨俊一（2000）认为创新管理是以更有效的管理行动来重整生产资源以获取竞争优势并提升组织绩效的过程。

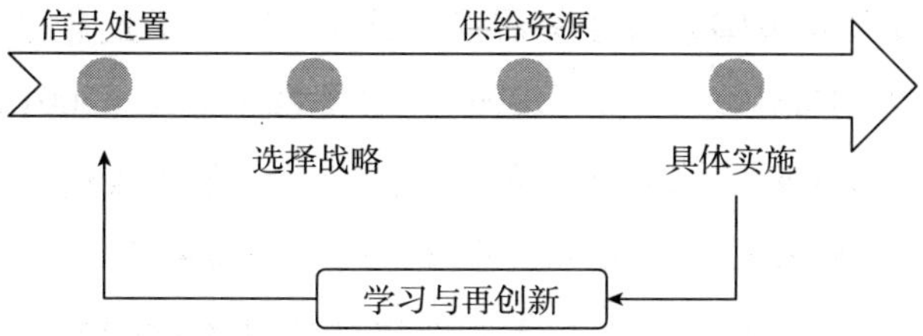

图2-2 企业创新管理过程的惯习

资料来源：Tidd，Bessant，Pavitt. 创新管理：技术变革、市场变革和组织变革的整合［M］. 金马工作室译. 北京：清华大学出版社，2004.

根据上述对创新和创新管理的分析，本书认为，企业创新管理所强调的，是企业以创新为中心创设新的组织制度或者组织协调机制，为提升企业绩效和增进社会福利而实施的动态管理行为。在这个概念中，企业创新管理是围绕企业创新而展开的积极管理活动，这些活动依托于企业创设的组织新制度或者新协调机制，以此来整合企业家、人力资源、制度、资本、文化等资源来建立和培育创新生成的支持体系，并回应利益相关者的利益诉求，最终实现既能增加企业经济价值，也能促进社会公平与正义、增进社会福利的企业管理状态。

第四节 企业生态创新作用于企业绩效研究述评

在对文献进行梳理的过程中发现，对于企业生态创新与企业绩效关系的研究多为实证研究，以 Aragon - Correa 等（2008）、Ziegler 和 Nogareda（2009）、Menguc 等（2010）、Chiou 等（2011）、Cheng 和 Shiu（2012）、Eiadat 等（2008）、Chandra（2013）、Leenders 和 Chandra（2013）等为代表的研究中，所采取的指标主要为财务指标和非财务指标（运营指标）两种，其中投资回报率（ROI）、销售利润率（ROS）、销售额、利润增长率和销售增长率、产品成本与违反环保法规的成本（成本控制）、产品质量、环保绩效、R 和 D 与创新、形象与声誉、生产速度和效率等指标的使用频率最高。

对于生态创新与企业绩效关系的研究萌芽于早期关于企业绿色化能否提升企业绩效的问题讨论，Hart 和 Ahuja（1996）、King 和 Lenox（2001）、Stefan 和 Paul（2008）、Molina - Azorin 等（2009）均承认在提升企业绩效过程中来自于生态创新的助推效用。而 Sarkis 和 Cordeiro（2001）、Berrone 等（2013）、Horbach 等（2012）却指出生态创新所投入的成本和取得的超额收益间并不对等，且生态创新成本的回收期较长，因此生态创新对企业绩效，尤其是短期绩效具有负向影响。Horvathova（2012）则通过实证研究分析，对于企业生态所可能产生的效应要区分时间周期分别考察，虽然企业环保绩效与企业绩效在短期显著负相关，但长期显著正相关。Orsato（2006）则更关注于企业绿色化提升企业绩效的条件研究。Chang（2011）、Chen 等（2006）、Cheng 和 Shiu（2012）、Chiou 等（2011）等进一步考察了生态、环境、绿色产品、工艺创新、管理创新与竞争优势的关系，发现均表现为显著正相关。Gilley 等（2000）则通过对环保举措公告与企业股价关系进行研究，指出投资者对产品相关的环保举措比对工艺相关的环保举措公告反应更积极，而对所有的环保举措公告没有显著反应；Chen（2008）则指出，以量表测量的绿色产品和工艺创新显著正向影响组织形象。Eiadat 等（2008）也验证了环保创新战略与企业绩效呈显著正相关；Horbach 等（2012）对生态创新代理测量的研究发现，生态创新对组织销售收入的影响是混合的，有正相关和负相关。在具体实证操作方面，Chan（2005）、Eiadat 等（2008）、Judge 和 Douglas（1998）、Leenders 和 Chandra（2013）、Sharma 和 Vredenburg（1998）、Al - Najjar 和 Anfimiadou（2012）、Gilley 等（2000）、Horbach 等（2012）、Menguc 等（2010）、Sarkis 和 Cordeiro（2001）等的实证研究结果均表明，生态创新与企业绩效的关系因生态创新的类型与结果指标的选择和测量方式而存在差异。

对于生态创新与企业绩效间的作用路径，不同学者基于不同的视角得出了不同的结论。Martin - Tapia 等（2010）基于 RBV① 视角发现，企业规模的大小将

① RBV（Resource - Based View），资源基础理论。其假设是：企业具有不同的有形与无形的资源；这些资源可转变成独特的能力；资源在企业间是不可流动的且难以复制；这些独特的资源与能力是企业持久竞争优势的来源。基本思想是把企业看成是资源的集合体，将目标集中在资源的特性和战略要素市场上，并以此来解释企业可持续发展的优势和差异。

直接影响企业环保战略的类型，进而影响企业生态创新的主动性，强调规模越大的企业将凭借其拥有的丰富资源而偏好于主动环保战略，且企业倾向于产品出口；Christmann（2000）也从 RBV 视角入手，专门考察了互补性资产对最佳环境管理举措（包括采用污染防治举措、开发污染防治措施和先发环保战略三种）与企业绩效关系的影响，发现企业互补性资产的多少将对环境管理措施与企业绩效产生同向影响；Berrone 和 Gomez – Mejia（2009）则基于制度理论和委托代理理论，专门探讨了环保战略对 CEO 薪酬及企业环境治理的影响，指出在企业有环境治理机制时，污染防治措施与 CEO 薪酬正相关，但污染控制措施与 CEO 薪酬水平不存在正相关关系；Leenders 和 Chandra（2013）则认为，销售渠道能直接影响企业向顾客传递绿色创新产品的信息的效果，从而对企业绿色创新绩效产生影响。至于生态创新与企业绩效的中介机制，研究者多选择对财务绩效进行考察，而对于运营绩效特别是环保绩效的验证较少。Chan（2005）就以 332 家在中国投资的外商企业为样本，基于 RBV 视角发现，环保战略与环保绩效及组织财务绩效显著正相关，但环保绩效对环保战略与财务绩效的中介作用不成立；Chiou 等（2011）则发现，环保绩效对绿色管理创新与竞争优势的中介作用不成立。

综上所述，对于企业生态创新、企业绩效以及二者互动关系的研究并不少，但结论也是千差万别，对于同一自变量和因变量的不同视角分析都可能得出完全相反的结论。而企业生态创新与企业绩效间到底是何关系？若正相关假设成立，确保其实现的条件又是什么？具体到企业行为又该如何实现双赢目标，即如何实现企业生态创新环保绩效向经济绩效的转化？这些关键的问题均还未得到完美的解释。具体而言，第一，现有研究多只考察了单一或有限影响因素对生态创新的直接影响，很少关注多个影响因素共同作用于生态创新的交互效应、调节效应和中介效应，导致影响因素影响企业生态创新的内在机理仍不甚明了；第二，现有研究鲜有同时关注不同层次的影响因素，加之研究还存在方法欠规范的问题，因而有可能导致模型设定误差，进而导致结论出现偏差；第三，探讨生态创新作用于企业绩效的权变因素和中介机制的研究较少，理论视角过于单一。这也意味着未来的研究应更多地着眼于多组织理论视角以深化对企业生态创新动因与效应的研究，加强企业生态创新行为过程案例的分析，以便企业更好地理解企业生态创新行为。而且从查阅的参考文献来看，现有研究成果主要基于欧美发达国家，以中国企业实际情况为背景所进行的相关研究还十分有限。因此，未来需要更多以中国当前的经济体为背景进行更具针对性的研究，以期指导中国企业组织生态创新实践。

第三章 企业生态创新的影响因素及其实证分析

第一节 企业生态创新的影响因素

毫无疑问，企业生态创新是复杂的系统动态过程，整个过程存在众多的影响因素，有些形成了驱动企业进行生态创新的力量，有些却构成了企业生态创新的阻滞因素。这些性质各异的因素从不同的角度对企业生态创新产生影响，比如企业要不要进行生态创新，何时展开生态创新，生态创新所需的资源条件是否满足、生态创新的具体属性选择、如何实施生态创新，创新的力度或者强度如何等一系列问题。对于驱动企业生态创新的因素，学者和实务届人士从不同的角度进行了大量的研究。早期时候，学者们主要是在 Arrow—Debreu[①] 框架下来考察政府规制和产业政策的影响（Renning，2000），其研究的侧重点在于外部规制对企业生态创新的影响以及企业生态创新对外部或正或负的溢出效应。现在，管理学的各种理论被广泛应用于生态创新的驱动因素的研究中，研究角度和视野各异的学者基于自己的研究侧重，对企业生态创新的多种影响因素进行了分类研究。比

① Arrow K.，G. Debreu. Existence of an Equilibrium for a Competitive Economy［J］. Econometriac，1954（22）：265－290.

如，根据Kemp和Pearson（2007）所指出的，欧洲联盟在生态创新测量项目中对生态创新的各种不同影响因素进行了总结，认为生态创新所需的金融资本、人力资本、R&D投入①、政府环境政策、市场需求、企业获益能力、市场竞争程度、企业间的创新与合作状态等是影响企业生态创新的主要因素②；董颖（2010）借鉴Porter（1990）提出的钻石模型，从生态创新所需的技术水平、企业特性、市场因素、政府政策等方面对影响企业生态创新的因素进行了分析；彭雪蓉（2011）等则从政府规制、组织因素和个体因素层面分别研究企业生态创新影响因素。也有一些学者对这些影响因素划分为内部因素和外部因素，并据此展开研究。借鉴此前不同学者的研究，本书关于企业生态创新影响因素的研究，将从内部影响因素和外部影响因素两个角度展开。其中，内部影响因素又可以区分为企业发展战略、企业技术水平、企业掌握的资源、企业雇员、企业文化、企业制度等方面；外部影响因素可以区分为政府规制、客户、市场竞争等方面。以下将围绕这些方面来探讨其对企业生态创新的影响。

一、内部影响因素

影响企业生态创新的内部因素的分析主要从企业发展战略、企业技术水平、企业雇员、企业文化、企业制度等方面展开。从理论分析的角度看，企业内部的各种影响因素的分析主要是受到组织资源观的影响（Barney，2001；Hart & Dowell，2011），其基本的思想是企业竞争优势的获得需要在产出的要素市场上具有资源，尤其是专用资源的获取优势，这些资源中的很大一部分通常是具有低可交易性或低流动性的资源，其稀缺性、不可模仿、不可复制或者不可替代的特征比较明显（Bamey，1991）。拥有这些资源便于企业构建起异质能力，比如Hart（1995）的研究认为，通过利用这些专用资源进行生态创新可以提升企业的组织合法性，有助于企业在社会和市场中赚取良好声誉并为企业进一步地获取专用资源奠定基础；再者，企业在专用性资源方面具有的优势使得企业可以展开其他企业所不能展开的一些行动进而提高市场竞争力，这个方面具有代表性的是

① Research and experimental development.

② P. Kemp，P. Pearson. Final Report MEI Project about Measuring Eco - innovation ［J］. UM Meriit，Maastricht，2007，32（3）：121 - 124.

Berrone（2013）关于企业进行生态创新的观点。

企业发展战略的影响。企业是生态创新的主体，企业生态创新的绩效与企业在生命周期中所处的阶段、企业的规模大小、企业在产业链中的地位以及获取资源的能力等密切相关，以上都在企业发展战略的指导下进行。企业战略决定了企业的长期发展目标以及使命，是企业发展的总纲和指导。对于企业发展战略及其行动对企业生态创新的影响，相当多的理论和实证研究都是从降低产出成本、推动企业研发、提升市场份额、改善公司形象等角度展开，并且得出了近乎一致的结论。从降低成本的角度看，企业生态创新的类型不同对企业产出成本的影响也不同，比如，Frondel（2007）和 Horbach（2012）的研究认为，企业创新生产工艺和实施清洁生产与企业产出成本的降低之间具有比较明显的正向关系；Demirel 和 Kesidou（2011）发现企业在生态研发方面的努力通常会带来成本的明显降低，但 Frondel（2007，2008）却认为企业在末端治理上的创新对产出成本的降低只有弱正相关关系。考虑到企业创新的路径依赖特性，企业在创新研发方面的投入极有可能导致企业随后进行生态创新。Horbach（2008，2012）的实证研究中，将企业研发活动的表现以虚拟变量的形式纳入模型之后，发现企业研究和生态创新尤其是新品开发和新工艺的采用具有比较优良的正相关性；而且，如果以企业创新投入的人均水平衡量创新投入力度并进入模型，发现企业创新投入力度能在很大程度上解释企业的大部分的生态创新行为。尽管多数学者发现，企业创新战略对生态创新都有积极的影响，但也有学者如 Hammar（2010）采用类似 Horbach（2008）的方法却发现，企业创新研发战略的实施对生产工艺、生产技术的影响较明显而对末端治理影响不显著。这些研究的总体结论近似，局部的不一致很可能与实证研究的测量技术、测量方法和测度企业生态创新的指标选择有关。对于企业通过扩张市场份额来提升市场影响力的发展战略而言，其对生态创新的影响具有类型关联的特征，即若不区分企业生态创新的类型，那么影响是不显著的；但若仅仅从获取市场份额的直接销售的生态创新产品的角度，则具有比较显著的正向影响（Horbach，2008）。另外，从不断提升企业形象的战略角度看，如 Frondel（2007）的研究发现末端治理和企业实施系统的环境管理和企业市场形象之间具有比较良好的正向关系。

企业技术水平的影响。企业所拥有的技术水平存在客观的差异，这些技术有些具有局部的特征，有些具有系统性特征，有些技术相对简单而另一些比较复杂，有些兼容性强而另一些兼容性弱，等等；技术特征的差异导致解决生态问题的技术手段或技术方案存在较大的差别，这些差别对生态创新的决策、生态创新的过程和生态创新绩效都产生着不同程度的影响，Hansen（2002）的研究证明了企业生态创新的技术特征会对生态创新的决策及其行动产生实质性影响。再者，技术一般都依赖于雇员的素质，高素质的雇员通常不仅具有更强的学习和创新的能力，而且其本身掌握和应用技术的能力也较强，从而雇员的素质特征在很大程度上可以解释企业的技术水平。Weng 和 Lin（2011）的研究证实了员工素质所决定的技术水平与企业生态创新具有显著的正向关联关系。因而，许多企业往往借助人力资本积累，通过提升员工素质进而实现技术升级从而推动创新（Demirel & Kesidou，2011），Horbach（2012）的相关研究也说明了通过人力资本提升进而驱动生态创新的积极意义。

企业文化的影响。大量的研究如 Holtbrugge（2012）已经证明了对环境保护的内省和自律是企业进行生态创新的重要驱动力。Chang（2012）认为，企业在环境保护的意识和行动方面的自律会在企业内部成长出优秀的企业文化和企业伦理，从而激发企业积极主动地实施前瞻性环境保护行动的战略，最终推动企业实现生态创新；只是，一旦对生态创新进行类型区分，企业环保文化和环保伦理对不同类型生态创新的影响力度就会存在差异。Chen（2013）的研究，进一步发现，企业优秀的环境保护伦理对企业预见性和响应性生态创新有积极影响。也有一些学者发现，良好的企业环境保护文化对生态创新的影响往往会和企业在市场上的影响力相互叠加，从而借助企业的市场地位进一步形成对生态创新的积极作用。通常，企业市场上的优势地位往往在将企业环保伦理导向生态创新行动中产生重要驱动力，从而企业内部和外部的影响因素会彼此影响；Horbach 等（2012）发现，具有优秀伦理和较大市场影响力的企业更倾向于在生态创新的决策和行动中表现出积极的倾向。

企业高管的影响。大量的研究已经证实，由于普通雇员通常不具有决策权限，受企业绩效考核机制和企业内部治理中地位的影响，其在企业发展战略和政策的制定中的影响力比较小，即使其拥有很强的环境保护的动机和意识，也很难直接地转化为生态创新的行动。普通雇员对企业生态创新的影响，多是通过其自身的技术学习和应用能力来提升企业生态创新行动的效率来发挥作用的。但拥有相当决策权的企业高管人员则明显不同。高管人员在环境保护问题上的素质特征对企业生态创新行为通常会产生明显影响。当企业的高层管理人员具有强烈的环境保护意识，其对企业生产活动给环境造成的负面影响有深刻认识，或者其对通过生态创新带给企业在收入增加、成本降低等方面绩效的认识更加透彻和清晰时，高管人员对环境保护的自我责任感很可能会推动企业在生态创新方面的投入增加以及采取相关措施。可见，对高管人员而言，无论是环境伦理的内省还是对环境保护行动带来的更多利益的追求，都导致客观上存在的高管环境意识和企业生态创新之间的正向关联关系。因此，企业展开生态创新行动，无论是基于道德还是利益的驱动，在客观上都推动了企业生态创新（Gadenne et al.，2009）。甚至，Sharma（2000）就已经证明了高管在环境保护方面的素质特征和企业生态创新之间有密切关系，企业高管自身素质较高且对环境保护问题有积极解读的一般都会显著地作用于企业生态创新战略的落实。公司高管层根据自身的理解和经验，其越看重企业生态创新的未来影响，就越倾向于在当前采取环境保护战略以备在未来进一步提升企业竞争优势，或者提升自身对潜在利益的可得性（Chang，2011）。考虑到高管层在企业内部治理中的地位，可以发现高管对企业生态创新活动的承诺与支持会明显地影响企业生产的价值导向和环境保护政策（Fineman，2009）。高管对企业内部环境保护行动的承诺和支持力度越大，企业越有可能实施生态创新行动，这一方面是因为其对环境保护行动的支持会导致创新部门更容易得到更多的创新所需资源，创新资源方面的优先配置权是生态创新行动得以顺利实施的重要保障；另一方面是因为高管层的承诺和支持往往会带来企业内部不同部门之间关于生态创新的良好配合与协作，这种跨部门的协调与配合很可能导致生态创新对企业以往产出流程、工艺等方面的系统性改造（Hart，1995）。进一步地，高管人员作为企业管理者，其环境保护的意识和积极态度会形成对企业内部创新激励机制的调整，这会进一步激发员工生态创新的能力和积极性，从而形成有助于生态创新实施的良好格局（Ho，2009；Lin，2011）。

其他组织特征对生态创新的影响。在有关企业生态创新的众多实证研究当中，很多都在具体的数据处理中，将企业的一些特征如企业规模、企业所处行业、企业已存在的时间等作为控制变量纳入实证分析的模型中。结果发现，企业规模大小和企业生态创新之间存在较为密切的正向关联关系（Pereira & Vence，2012）①，一个很可能的重要原因是大企业通常拥有更多的便于创新实施的资源，而且大企业的利益关系更加复杂，当众多利益相关者存在环境保护需求时，大企业可能更倾向于采取环境保护行动。而且，企业所处行业也是影响企业生态创新的重要因素，甚至一些学者在实证研究中直接将行业作为重要影响因素展开探讨，这方面的重要理由是考虑到不同行业政府环境规制的压力是不同的，重污染企业和低污染企业面对的政府压力不同，其生态创新的机会和前景差别也比较大，一般来看，生产过程对环境影响更大的企业进行生态创新的机会和可能性也更高。再者，企业生态创新还受到企业年龄的影响，二者之间正向关联关系的产生，与企业在存续期所积累的知识以及长期在实践中积累的经验有正向关系。

二、外部影响因素

较之普通的创新，社会经济环境、政府制度因素和市场因素对企业生态创新的影响更加显著，其中客户及民众环保意识上升而产生的生态创新压力和政府规制一起构成了企业生态创新外部驱动力的两个重要方面。比如 Berkhont（2005）的研究就指出，政府规制是驱动企业通过生态创新以降低有害气体排放的重要力量，企业产品的现实和潜在竞争对手和企业客户是企业进行产出工艺创新、实施清洁生产措施的重要力量，而消费者和其他利益集团则推动了企业新品开发式的生态创新。由于企业生态创新对于环境改善具有正外部性效应，使得政府倾向于以规制手段来驱动企业生态创新（Horbach，2008），Poter（1995）提出的所谓波特假说②，也论证了设计优良的政府规制是促进企业进行生态创新的有力手

① Pereira，XVence. Key Business Factors for Eco－Innovation：An Overview of Recent Firm－level Empirical Studies［J］. Cuadernos De Gestion，2012（12）：73－103.

② 波特假说：适当的环境规制可以促使企业进行更多的创新活动，而这些创新将提高企业的生产力，从而抵消由环境保护带来的成本并且提升企业在市场上的盈利能力，提高产品质量，这样有可能使国内企业在国际市场上获得竞争优势，同时，有可能提高产业生产率。

段，从而能够实现企业和环境的双赢。鉴于此，一些学者将研究视野投向政府规制对企业生态创新的作用的研究方面，关注政府在污染物排放标准、高污染产品产出限制以及清洁生产的技术要求方面对企业生态创新的影响，以及政府通过各种税费形式比如污染物排放许可和征收庇古税等对企业生态创新的影响。这些相关的理论和实证研究基本都支持了政府规制对企业进行生态创新的促进作用，只是不同的政府规制形式对企业生态创新的激励作用存在程度上的不同，比如 Eiadat 等（2008）的研究就认为，政府征收各种与环境污染有关的税费较之政府强制性工具更能促进企业在较长时期内采取环境保护行动。需要强调的是，探讨政府规制对企业生态创新的积极影响的研究，也就是对波特假设的各种论证，都隐含了一个重要的假设前提，即政府规制手段的设计必须是优良的（Blazejczak et al.，1999），这意味着，政府规制手段的实施应该首先建立起制度设计与论证的系统框架。

也正是因为存在上面所探讨的这个问题，也有一些学者开始将研究的视野投放于政府规制设计的范畴。在这些学者看来，政府规制对企业生态创新的积极影响大致是可以肯定的，从而相关分析的重点并非政府采取何种形式的规制手段以及这些手段如何促进了企业对环境保护行动的履行，而在于确保政府有关环境保护的制度设计的优良性。因此，一些学者如 Kemp 和 Pontoglio（2011）等开始探讨政府环境规制的属性特征，如规制设计本身的开放性、灵活性、前瞻性、可靠性以及实施中的可操作性等。这些研究发现，政府严苛而缺乏弹性的环境规制对于末端治理、生态新品开发等具有比较明显的正向影响（Frondel，Horbach，& Rennings，2008；Kammerer，2009），但对生态工艺、清洁生产技术以及生态管理系统再造等方面只有较弱的正向关联（Frondel et al.，2007）。前些年有关政府环境规制对企业生态创新影响的研究更多地将关注点置于政府所采取的行政或经济性的惩戒措施，即对政府的负向激励规制设计探讨较多，而对政府的正向激励规制设计探讨较少。最近几年这种情况出现了一些改变，一些学者开始研究政府的奖励机制对重污染企业生产的污染预防和污染治理的影响，发现正向激励手段较之负向激励手段更具有显著作用。

影响企业生态创新的外部因素除政府外，还包括企业产品的消费者，产业链上下游关系企业，各种专业民间机构如行业协会、商会等，企业的融资者和投资者、竞争对手、其他关注环保问题的非政府组织以及社会的环境伦理和环境文化等。Kesidou 和 Demirel（2012）考察了企业产品需求者对企业生态创新行为的影响，发现环保意识浓厚的消费者通常对产品本身的环境品质具有更高的期待和要求，消费行为的选择也因此构成对企业生态创新的比较明显的正向推动作用。[①] 需要说明的是，这种关系的考察和处理，通常需要将消费者的影响和其他方面对企业决策的影响进行一定程度的剥离，从而建立企业生态创新决策和行为与市场消费需求之间的单维结构，否则很可能会得出迥异的结论。这意味着在相关的实证研究中，消费者需求影响的分离技术是关键的。从类似消费者需求和企业生态创新之间构筑的单维结构出发，一些学者如 Theyel（2000）、Chen 等（2012）Zeng 等（2013）、Berrone 等（2013）分别研究了企业生态创新的其他外部影响因素，比如企业的产业上下游企业、企业生态创新的融资者、直接或间接的竞争对手、其他关注环保问题的非政府组织对企业生态创新的影响，在单维结构关系下得出的结论大致是一致的，即身处市场竞争旋涡中的企业，其对生态创新类型与行动的判断和选择受到了市场各个方面的显著影响。这进一步说明，当整个社会的环保伦理和环保文化得到改善时，民众对环境保护问题的关注会直接构成企业进行生态创新的压力。从这个角度展开的相关研究需要处理好两个方面的问题：一是企业外部多个影响因素和企业之间的关系结构处理。在识别和分离不同影响因素的基础上，应建立起单维结构或是多维结构来探讨外部因素和企业生态创新之间的关系。二是影响企业生态创新的各种外部力量关于环境保护问题认识的深刻程度的判断。不同环境保护意识强度通常会对企业生态创新产生不同的影响，这个角度隐含的重要问题是需要对不同的外部影响因素的环保意识强度进行区分，Wagner（2007）就发现不同意识强度的利益相关者会对企业生态创新的类型和创新强度产生明显不同的影响。再者，企业总是身处竞争激烈程度不同的市场环境当中，企业的社会关系和市场影响力对企业获取各种生产资源尤其是专用性生产资源具有关键性影响，一些实证研究已经证明了企业社会关系和市场地位对其生态创新行为的影响。比如 Horbach 等（2012）的研究发现，企业的行业关

---

① E. Kesidou, P Demirel. On the Drivers of Eco - innovations: Emperical Evidence from the UK [J]. Research Policy, 2012 (5): 862 - 870.

系地位对其生态创新行为有比较明显的积极作用，企业与其他社会机构之间的产业研发合作也会积极作用于其生态创新行为；DeMarchi（2013）的研究发现，企业与社会上其他机构如各种专业研究机构、高校之间展开积极的研发合作对企业生态创新具有显著正向影响。

三、内外部影响因素的整合

根据已经掌握的文献资料可以看出，当前对企业生态创新的研究中，大量的文献都集中于对影响因素的分析且取得了相当的成果。从总体上看，对企业生态创新影响因素研究的总体框架基本得以确立，相关研究已经从关注环境规制、市场影响、技术条件等对生态创新的影响逐步地过渡到关注企业内部组织制度、组织结构和组织成员对生态创新的影响方面，从而形成了从内外两个角度探讨企业生态创新的影响因素的基本架构，一些研究已经相当深入。但深入分析发现，相关研究依然存在一些不足，比如，尽管一些研究已经探讨了企业内部制度因素、利益相关者、企业前瞻性决策对生态创新决策的影响，但从组织权变角度来考察企业制度的适应性调整对生态创新影响的研究尚需进一步深入；再如，当前对内外各种影响因素对生态创新作用的探讨，多是从影响因素和企业生态创新之间的单维结构出发，对多因素之间的交互作用尚需进一步研究。因此，在本书中，拟将企业生态创新的内外因素进行整合，考虑企业权变管理以及各种因素之间的交互作用，来探讨各种影响因素对企业生态创新的影响，从而为生态创新影响企业绩效的分析完成铺垫。各种因素的整合框架如图 3 －1 所示。

图 3 －1 从内部和外部两个角度考察了影响企业生态创新的因素，这些因素蕴含着驱动企业生态创新的动力，而且不同影响因素对企业生态创新的驱动力不尽相同。在实际的分析中，从上述众多影响因素中提取关键因素来分析其对企业生态创新的驱动具有重要的现实意义。

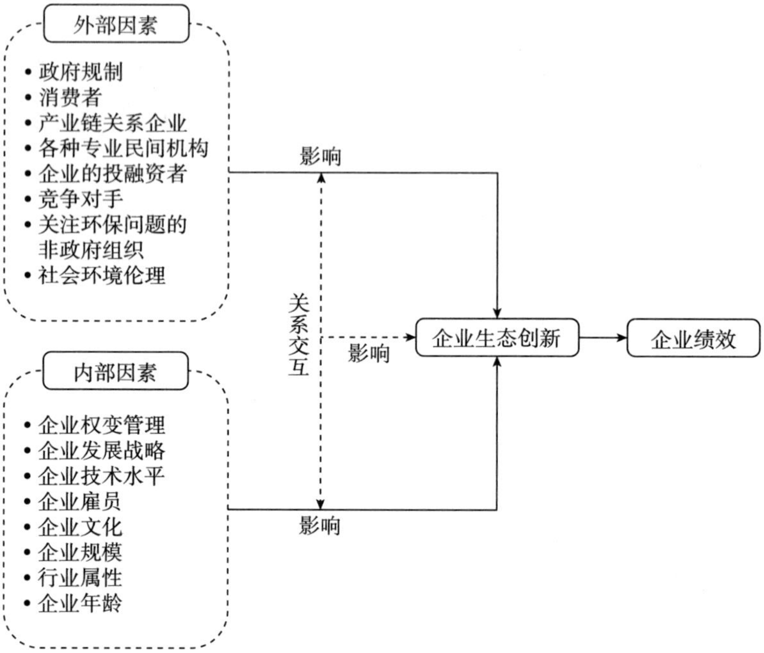

图 3-1　企业生态创新的多种影响因素的整合

第二节　关键影响因素促进企业生态创新的基本路径

一、关键影响因素提取

在这个部分当中，基于对企业生态创新的内部和外部影响因素的分析，选取部分案例展开探索性研究，结合生态创新的理论，通过案例分析突出影响企业生态创新的关键因素，构建起关键影响因素对企业生态创新影响以及企业绩效提升分析的基础。

（一）基于局部样本的探索性研究方法的适用性

探索性案例研究是结合案例采用特定的数据收集方法，比如访谈、问卷、档案、文件等，并实施适当的技术和方法对采集的相关案例的数据进行分析，最终得出具有一定普适性结论的方法。案例法源起于19世纪70年代美国哈佛大学法学院关于司法问题的探讨，到1908年，案例法正式被引入哈佛大学商业教育领域。Robert K. Yin（1994）指出，在探究特定问题生成的原因时，案例法的应用是合适的，并认为，根据对特定问题研究目的的不同，案例法可以应用在探索性研究、描述性研究和因果关系的相关研究中①。中国学者孙海法（2004）认为，案例可以根据研究目的区分为描述性案例、解释性案例、评价性案例和探索性案例四种不同类型。Yin（1981）进一步指出，探索性案例分析是尝试通过对具体案例的分析洞察研究对象的某些新特征，或者基于案例实施新方法去分析进而形成评价，意图解释特定问题产生发展的过程或者原因，并基于已有的研究，最终形成新的理论假设或者探讨性观点。

在这个部分中，相关研究的基本目标是探讨影响企业生态创新的众多的内部和外部因素中，哪些影响因素是重要的或者关键的，这些重要的和关键的影响因素不仅在相关企业被广泛认可，而且构成了企业生态创新决策与行动必须考虑的主要方面。根据Eisenhardt（1989）的观点，基于本节所探讨的问题及目标特征，相关文献的探讨和前述的理论分析构成了研究的理论预设，而对实际现象的考察则是理论预设的重要拓展和补充，因而采用探索性案例分析方法是比较适当的。就案例法的实施而言，不同学者的观点虽有差别但大同小异。Eisenhardt（1989）提出了探索性案例分析实施过程的“八步法”，其核心是案例选择、测量工具选择、访谈与实地调研、数据分析和理论假设；Yin（2004）提出了探索性案例分析实施过程的“五步法”，其核心是案例选择、研究设计、数据收集与分析。结合相关文献的观点，本书所涉案例研究的展开步骤，包括构建文献基础、选择案例、访谈调研、数据分析和形成理论假设，具体如图3－2所示。

（二）探索性研究设计

1. 研究的问题与案例选择

企业生态创新是在追求自身发展的过程中，企业对自身发展与社会发展之间产生的矛盾和冲突的一种协调；企业通过生态创新来降低或消除生产过程产生的

① R. K. Yin. Case Study Research: Design and Methods [J]. Blackwell Science LTD, 1994, 44 (1): 108.

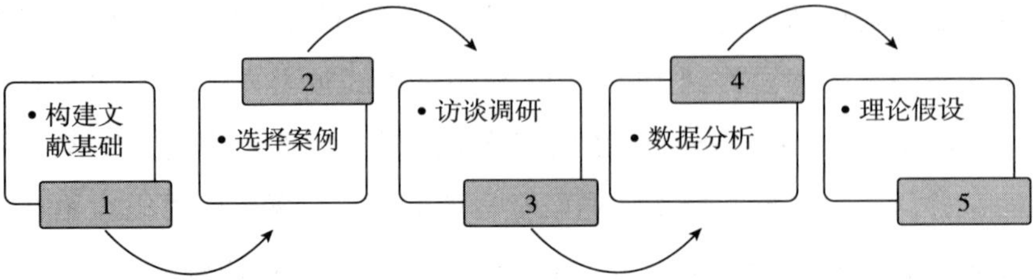

图 3-2 探索性案例研究的步骤

环境负面影响进而提升社会福利。从这个角度看，企业生态创新是一种环境保护战略，实质上是企业通过新产品、新工艺、新服务和新管理等方面的开发和管理，在企业发展过程中整合环境保护问题，进而获得市场竞争优势并不断提升企业绩效的行动。在这个过程中，存在着多种影响因素，这些影响因素对企业生态创新所起的作用不尽相同。探索所有影响因素中的关键影响因素，就是探寻若干因素中关键的或者说最主要的因素，以找出影响目标实现所需的关键信息集合，以明确与目标相联系的主要变量、数据以及处理和加工数据的逻辑关系。Eisenhard（1989）认为，采用案例以归纳分析相关问题时比较合适的案例数为 4～10 个，借鉴 Yin（2003）和董颖（2010）的研究，为有效避免所选择案例的规模大小不同所产生的影响变异，同时考虑从案例中所采集数据的代表性和数据所提供信息的丰满性，本书挑选了 6 家规模以上的、进行了生态创新的制造型企业，这些企业中包括重污染型的制药、钢铁和纺织企业各 1 家，高能耗型的金属冶炼企业、煤化工企业和新材料企业各 1 家。为保护企业的商业信息，按照企业的要求，隐去了企业的名称，而仅仅对采集到的数据进行加工整理，来探索所研究的问题。

2. 数据收集与整理

在实际调研实施中，主要是借鉴 Strauss 和 Glaser（1965，1968）提出的扎根理论（Grounded Theory，GT）。GT 法是一种针对所研究问题的定性研究方法，主要是从经验资料入手并建立起相关理论，特点是在研究之初不需要建立理论假设，只需要明确要研究的问题，然后基于实地观察所获得的原始资料进行经验表征，最后得到系统的理论或者观点。其本质是在系统收集资料的基础上探索反映事物本质的核心概念或者因素，然后通过不同概念或因素之间的关系构建相关分析基础，核心特点是，该方法并不基于经验本身而是基于经验事实得到的新观念或者新思想，实质是属于后实证主义的分析范式，基本的着眼点在于对相关观点进行证伪，强调从行动者的角度理解其解决问题过程中的社会关系。

收集和整理相关资料的过程中，研究所需数据通过多种方式获得，相关数据主要来源于访谈、实地调研、企业公告、企业网站信息、业界新闻、政府统计数据等，有效提高了数据效度。访谈中的问题多采用开放式和半结构化的题设。访谈对象包括企业高层管理人员、技术部门、营销部门、生产部门的有关负责人，访谈题录见附录。访谈的形式以面谈为主，面谈的时间一般控制在 1 小时左右，同时以电话、邮件、微信等做面谈的辅助形式，以便于掌握企业的动态变化。在访谈之外，大量收集企业公告、网站披露的信息、政府统计数据和行业新闻等信息，结合访谈数据对多渠道得到的信息进行综合整理，进行信息分类和编码，避免人为的或主观的印象或常见观念的影响。数据收集过程如图 3－3 所示。

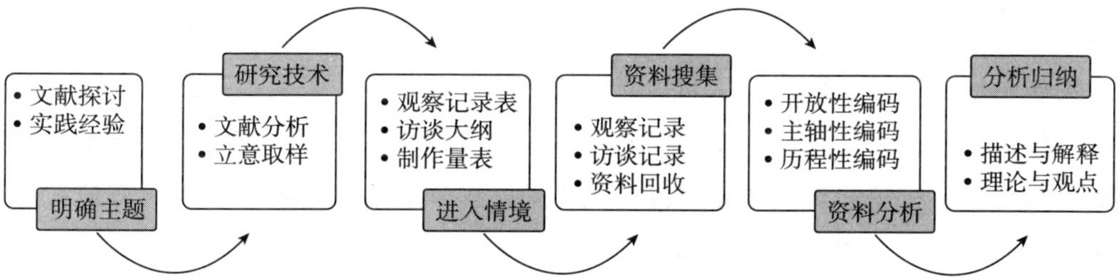

图 3－3 数据收集与整理过程

（三）调研数据分析

根据实施图 3－3 所示的过程所得到的数据进行分析。在实地调研和访谈中，结合被访者的身份特征，主要是围绕企业对生态创新的认识与作用展开，半开放式访谈主要是将驱动生态创新的各种因素转化为访问题目，由被访者选择影响自己企业进行生态创新的主要题项，若题项未能囊括则由被访者列示其受影响的因素。整个资料分析过程划分为三个阶段（Van Maanen，1979）：

第一个阶段是打散所收集的资料在赋予概念后重新组合的过程，主要工具是一级编码或者称为开放式编码（Open Coding），即将所有资料按照其所呈现的状态进行编码，编码的作用是基于资料探索概念类属并进行命名，这个过程对资料的处理具有倒锥形特征。开始时编码范围较大，而后范围不断缩小直到编码饱和（Strauss & Corbin，1990），在编码的同时，以备忘录的形式处理研究者的思考，为后续深化和建构理论奠定基础。换句话说，开放式编码帮助我们识别最初的概念，并将其区分为不同的条目，每个条目又区分为不同的子级条目。

第二个阶段分析的主要工作是在第一阶段发现的概念类属之间确立联系来反映资料之间的关联关系，比如因果关系、前后关系、情境关系、差异关系和结构关系等，主要工具是二级编码或者说主轴编码（Axial Coding），即深度分析每一个类属并探索相关关系，随着这个过程的不断深化，不同类属之间的关联关系愈加清晰，同时将被访问者在某类属下的意图和动机置于相应的社会背景中展开探讨，最终区分出主要类属和次要类属。

第三个阶段的主要工作是三级编码，也称为选择性编码（Selective Coding）或历程性编码，即在已经发现的概念类属中探索核心类属，相关分析在核心类属的编码上不断集中，从而呈现出核心类属的统领性。总体上来看，核心类属在所有类属中居于最核心地位，从而构成资料的核心；这些核心类属在全体资料中高频次稳定出现，而且与其他类属以丰富的内容实现相互关联，核心类属被解析出来的过程就是理论或观点不断前进和深化的过程。对所收集的资料进行开放式编码和轴心编码后，形成的结果如表 3－1 所示。

表 3－1　资料编码所形成的概念类属关系

序号	核心范畴	主范畴	概念特征
1	市场因素	需求拉动	消费者和产业链关系企业对生态产品的偏好
2		竞争推动	生态创新提升市场份额，获取更大的市场竞争力
3		社会伦理	民众环保观念提升和社会环境伦理变迁带来的压力
4	组织因素	组织治理	治理结构为以创新提升中长期竞争能力奠定基础
5		内部资源	拥有或可方便获得生态创新所需的各种基础资源
6		创新基础	具备生态创新所需的技术、设备及灵活的制度安排
7		组织声誉	生态创新带来的社会对企业及其产品的认可

续表

序号	核心范畴	主范畴	概念特征
8	政府因素	经济利益	生态创新补贴、税收优惠
9		政府规制	有关环境保护的法律和各种规章
10	管理者因素	环保态度	管理者对环境保护的责任意识、态度与行动力
11		责任意识	管理者对社会责任的担当

（四）关键影响因素提取

根据GT法对所收集到的数据资料的分析处理结果，可以看到影响企业生态创新的因素主要有两大类四个方面，这四个方面分别是：①市场因素，涵盖消费者对生态产品的需求、产业链上下游企业对生态产品的偏好所形成的对企业生态创新的需求拉动力量，生态创新带来的市场份额提升和获取更大市场竞争力所形成的对企业生态创新的竞争推动力量，以及民众环保观念提升以及社会环境伦理变迁带给企业生态创新的社会伦理压力；②政府因素，主要是政府有关环境保护的法律和各种规章所形成的对企业生态创新的规制力量，以及政府通过市场行为对生态创新企业给予的各种补贴、税费优惠等经济利益所形成的对企业生态创新的牵引力量；③组织因素，涵盖通过生态创新带来的企业中长期获利能力和市场竞争力提高所形成的市场优势地位对企业生态创新的牵引力量，企业已经拥有或可以方便地获取生态创新所需的各种内部基础资源，企业拥有或可方便获得的进行生态创新所需的各种设施、技术及制度灵活性等创新基础，以及组织对实施生态创新所赢取的社会、民众对企业及其产品的认可所形成的企业进行生态创新所拥有的基础条件力量；④管理者因素，主要是管理者对环境保护问题的认识、态度、对社会责任的担当及其采取环保措施的行动力因素。这四个关键方面可以归纳为两大类影响因素，即企业外部因素和企业内部因素，前者包括市场因素和政府因素，后者包括组织因素和管理者因素。

二、不同类型关键影响因素的交互

以上述关于影响企业生态创新的关键影响因素及其测量变量的分析为基础，在探讨关键影响因素促进企业生态创新基本路径的过程中，我们发现，这些因素和企业生态创新之间并不只是存在某种单纯的或者说孤立的影响作用，也有因素之间关系交互对企业生态创新的作用。因此，以下先尝试分析不同关键因素之间的关系交互对企业生态创新的影响，然后在此基础上形成各种因素，尤其是关键影响因素促进企业生态创新的路径模型，为后续生态创新影响企业绩效的分析奠定基础。

在上述分析过程中我们已经阐明，企业内部和外部的各种影响因素对企业生态创新并非只是产生单纯的或者说孤立的作用，也有不同关系之间的交互影响，这种不同因素之间的交互在事实上对企业生态创新产生了明显影响。企业生态创新的外部因素可以视为企业环保战略实施的外因，相应地，内部因素可以视为企业实施环保战略的内因。从唯物主义哲学的角度讲，内因是事物发展变化的内在根据，而外因是事物发展变化的外在根据。理解和认识事物的发展变化历程，对内因的深刻认识是必需的。企业生态创新决策与行动，是各种外部因素在与内在根据相互作用的过程中，不断影响内在关系从而构筑事物发展变化的外在表征。在企业环保战略决策与实施的过程中，企业往往无法左右外部条件，但在既定的外部条件下，企业以各种途径和方式对内部根据的调整变化通常具有相当大的影响力。因此，在这里，我们主要讨论两种关系交互：一种是外部因素和组织冗余之间的关系交互，另一种是外部因素和高管人员环保态度之间的关系交互。

（一）外部因素和组织冗余之间的关系交互

前已述及，March 和 Simon（1958）用“冗余”（Slack）来描述企业在内部所保留的、超出实际需要的资源以应对外部环境变化带给企业的未预期到的冲击；Bourgeois（1981）进一步将组织冗余视为企业主动建立的一种资源缓冲器，使得拥有冗余资源的企业可以成功地适应或应对外部环境变化。从这个角度上看，组织冗余的实质是企业拥有的、可以灵活配置的各种内部富余资源。从而在市场关于生态产品的需求发生调整，政府对环境保护的要求发生改变时，比如出现生态品的需求冲击或者关于环保行动的新税收优惠或补贴政策出台等，持有冗余资源的企业可以及时地把握市场或者政策机会，灵活调整资源配置，加大生态创新的人力资本、研发或者满足环境政策的原材料和中间品的采购，实现更加主动的生态品开发、工艺流程再造以及相关管理和服务的升级，从而抓住市场和政策变化带来的发展机遇，在缓解外部压力的同时提升企业市场竞争力。当然，企业掌握过多的富余资源会带来浪费，导致企业产出效率降低，比如 Nohria 和 Gulati（1996）就佐证了 Bourgeois（1981）提出的企业冗余和企业创新之间的“倒U”形关系，及过少的资源冗余会形成企业创新的阻碍，而过多的资源冗余不仅本身是一种资源低效的表现，而且可能导致雇员在开支过程中审慎检查的弱化。总体上来说，企业掌握了一定的富余资源，可以为企业发展的外部竞争或者威胁建立起安全屏障，增强了企业对内外环境变化的适应性以及抗压能力。因此，我们认为，组织冗余和市场因素、政府因素之间的关系交互会对企业生态创新产生积极影响。

（二）外部因素和高管人员之间的关系交互

前已述及，外部影响因素进入企业生态创新决策的重要一环，就是取得掌握企业经营管理决策权的高管人员的支持，如果企业高管人员对外部因素比较漠视，则外部因素对企业行为的影响就比较有限，因此，正如 Ocasio（1997）所强调的，企业高管人员通过配置自身对相关问题的关注来影响企业行为。March（2014）进一步强调，能否有效地配置自己所关注的问题以及对问题的关注点是判断管理者决策优劣的重要方面。大量的实证研究都认为，企业的创新行为、战略性管理等受到管理者态度的明显影响。企业高管人员受到外部因素的影响，并将其导入企业决策与运营的过程中，必然会对感知到的外部因素进行辨识、编码、解释和聚焦，从而导致众多的外部刺激性因素在高管个人特质的影响下，最终占据高管人员意识的外部因素必然得到高管人员更多的关注和支持。从而，高管人员对专有技术、产品生产、内部制度、管理体系、服务架构等企业创新行为的关注将促使其更好地识别有关环境保护的市场、政策变化带来的企业发展机会，并促使企业将更多的资源向开发和利用这些机会倾斜；同时，高管人员针对所关注的问题以及对其的认识，利用其职位影响力向雇员的充分告知并给予相关的资源或利益承诺，会有效地促进企业的生态创新。通过分析发现，高管人员对环境问题的认知，拥有的相关知识、阅历、经验，对环境问题的价值取向以及其个性特征等是企业生态创新的重要影响因素，相同的外部环境，不同的企业管理者可能会向企业内部传递不同的信息，进而使企业采取不同的行动。因此，当企业高管人员对环境问题具有高度的责任感和使命感，且其环境保护意识很强烈时，市场和政策的生态导向将会对企业生态创新产生极大的促进作用，从而管理者因素与外部因素之间客观上存在重要的关系交互。

三、企业生态创新的关键变量及其作用路径

前面关于企业生态创新的影响因素尤其是关键影响因素的分析，已经从两大角度四个方面完成了对企业生态创新影响因素分析的奠基。为了便于实现对企业生态创新行为的测量，接下来将以此为基础，依托相关文献和理论，探讨影响企业生态创新的两大角度四个方面因素的测量变量，为后续探讨生态创新对企业绩效的影响构建基础。

政府因素的研究变量。Poter（1995）提出了环境与企业“双赢”的著名假设，同时 Poter（1995）强调这个假设实现的重要前提是设计良好的政府规制，要求政府政策必须借助市场机制对企业生态创新形成有效的激励作用。良好的政府政策设计可以通过将生态创新的途径留给企业而非政府环境标准的制定部门从而企业可以灵活地以恰当的方式利用创新的空间。在这个空间中，政策通对创新进行连续性的引导来激励企业多角度地创新来超越政策目标而非将企业行为锁定于特定环境技术领域。根据创新补偿理论的观点，企业生态创新带来的污染减少和产出效率的提升具有内在的一致性。在政府激励性的环境规制政策下，企业的环境行动将与企业利益密切相关，从而引导企业更加慎重地进行产出的环境管理，更加理性地在环境行动和正常产出之间配置资源。遵循政府规制引导的企业可能进一步发现产出过程中更加环保的新工艺或新产出，当环境规制引导企业实现污染减排，形成环境友好型的产出时，规制引导下的生产方式和生产关系变革将真正变成一种可能。Bansal 和 Roth（2000）也指出，政府规制是企业生态创新重要的初始驱动力。根据新制度主义理论，企业内部环境管理本身就是一种主动调适生产关系的制度变革，企业生态创新对经济效益和环境效益的平衡也是基于环境保护的制度创新。由于政府权威以及对企业行为是否符合法律法规要求的裁量权，使得对有违环境法规行为的严厉惩戒构成企业生态创新的巨大压力，同时政府通过创新补贴、税收优惠、资源获取的便利性等方式给予企业创新行为以经济利益方面的激励。黄德春等（2006）以海尔集团为例，将技术引入 Robert 模型证实了环境规制对生态创新的激发作用；熊鹏（2008）认为恰当的环境规制和严格落实确实有助于企业绩效的提高；董颖（2010）、彭雪蓉（2011）的研究也支持了环境规制有助于企业绩效改善的观点。考虑到中国当前环境管理的事实，

权威政策的约束以及与之有效配合的市场激励性规制措施确实可以对企业生态创新产生较好的牵引作用，因此，借鉴董颖（2010）和彭雪蓉（2011）等的处理，从更加符合实际的角度出发，本书主要考察政府环境政策的引导对企业生态创新的影响，因而以“政策规制压力”作为政府规制因素对企业生态创新影响的研究变量。

市场因素的研究变量。企业经营的成功离不开其产品需求者和产业链上相关企业的支持，以及市场竞争中市场优势地位的获得。在企业与市场之间的复杂关系中，涉及众多的利益相关者群体，基于各种特定的生产关系，这些利益相关者与企业之间形成了各种类型的专用性资源关系，因而必然会要求获得相关资源产生的价值剩余，在这个角度上，利益相关者向企业提供各种专用性资源是其影响企业环境责任的基本动因。环境问题作为企业重要的社会责任内容，其带来更加广阔的利益相关者群体，为追求经济和环境利益，利益相关者必然产生对企业环境保护行动的要求并通过资源关系对企业环境管理决策施加重要影响。因此，在公众环境保护意识不断提高和社会环境伦理不断演进的格局下，将环境管理问题纳入企业内部治理确实有助于企业价值最大化的实现（Sacconi，2007；张兆国，2008）。问题在于，如果仅仅将环境责任视为外生于公司治理的因素，极容易将其视为额外附加于企业经营的一种负担，从而使得环境责任的落实在日常经营中变得困难。对此，高汉祥和郑济孝（2010）进一步强调了环境责任和公司治理之间的逻辑一致性。当前，作为企业重要社会责任的环境责任已经成为企业价值创造过程中的重要因素，对企业价值创造发挥着重要作用，从而公司治理必然要求将环境责任纳入其中，推动环境责任成为企业经营行动中的常态化考量要素。从环境责任的视角看，企业产出的消费者、产业链相关企业以及民众已经成为企业生产经营的重要利益相关者，源自市场需求、竞争者、民众的环境需求所形成的环境保护导向已经被理论和实务界所公认，从而构成企业产出行为中重要的市场行为准则。环境因素的进入导致市场需求和竞争关系的调整，促使公司价值追求中股东利益至上观念遭遇重大挑战。因此，从这个角度出发，在相关文献的基础上，本书选择“市场竞争压力”作为影响企业生态创新的市场因素的研究变量。

组织因素的研究变量。从前面关于企业生态创新的影响因素的分析中，已经看到，企业生态创新行为受到组织所拥有的各种资源的明显影响，这使得从基础资源观的角度对企业生态创新的考察具有重要意义。Wernerfelt（1984）[①] 关于企业基础资源理论的探讨标志着企业发展基础资源观的诞生，其核心假设是企业所拥有的各种资源在一定条件下可以转化为企业特有的竞争能力和竞争优势，这些资源在不同的企业之间往往具有低流动性和难以复制性，从而使得这些资源成为企业可持续性竞争优势的源泉，这种观点使得我们可以将企业视为各种特有资源的集合体，从而将关注的重点置于企业资源的特性和战略要素市场。在基础资源观的视野中，企业绩效提升的根本在于企业拥有的异质性资源，这些资源使企业产生了竞争优势。根据 Collis（1995）和 Montgomery（1995）的观点，拥有最适当资源的企业往往比竞争对手表现更好，在中长期范围内，企业的成功更加依赖于自身构建、培育、拥有或者便于获得的专用性资源和能力，从而企业成功的关键是在动态的竞争环境中有效整合自身资源的能力。对此，Prahalad（1990）的视野更加开阔，他将企业的优势资源定义为组织在学识方面的积累，尤其是关于不同产出技术与产出关系综合协调的学识；Barney（1991）更是将资源和能力视为同一事物。企业在有关生态创新方面建立起的具有价值性和知识性，又稀缺和难以复制的资源，使得企业可以产出高差异化的生态产品从而获得市场竞争的优势地位，而且企业有不断生产、扩张、有效整合这些资源的内在动力以维持市场优势地位。因此，从组织因素对企业生态创新的影响角度看，企业在中长期中的获利能力和市场竞争优势地位能形成对企业生态创新的积极作用，实质是企业基于市场变化，将环境因素纳入企业产出过程中，不断在更高层面上对拥有的各种内部基础资源进行整合，以获得或者维持市场优势地位，这是来自内部的牵引企业开展生态创新的动态力量。动态力量包括企业拥有或可方便获得的进行生态创新所需的各种设施、技术及制度灵活性等创新基础，以及组织对实施生态创新所赢取的社会、民众对企业及其产品的认可所形成的企业进行生态创新的组织拥有的条件性基础力量。在这个过程中，面对复杂多变的竞争环境，为了能够有效应对来自各方面的变化从而维持或拓展市场优势，企业往往会建立起资源缓冲器（Bourgeois，1981）来进行适应性的战略调整以应对来自各方面的冲击，实质上

① B. Wernerfelt. The Resource – Based View of the Firm［J］. Strategic Management Journal, 1984, 5（2）: 171 –180.

是企业凭借所拥有或可方便得到的专用性资源所建立起的组织应变弹性，这正是March和Simon（1958）所提出的关于组织冗余（Slack）的概念。Singh（1986）、Bromiley（1991）、Miller（2000）、陈龙波（2007）和姜针针（2012）的实证研究都证明了这种组织弹性和企业绩效之间的正向关系。因此，本章根据相关文献和前述有关生态创新的组织内部影响因素的分析，将“组织资源冗余”作为影响企业生态创新的组织因素的研究变量。

高级管理者因素的研究变量。根据《公司法》的规定，高级管理人员就是在公司担任重要职务、知晓公司重要经营管理信息并对公司经营管理担负主要责任的管理人员，主要是公司经理层、财务负责人及公司章程规定的其他相关人员。企业高级管理人员对环境保护的态度是企业生态创新的重要影响因素。高管的环境保护意识是其对环境保护态度的重要决定因素。根据Gadenne等（2009）的观点，高管的环境保护意识涉及其对企业产出过程中所产生的对环境消极影响的认知程度和企业实施环境保护行动所带来收益能力的认识。高管的环境保护意识越强，越有可能在企业产出过程中实施环境保护行动以降低或消除生产对环境的负面影响；同理，当高管人员对实施环境行动所产生收益的过程及获利能力认识越深刻，越有可能受利益驱使来实施环境保护行动。在这个方面，Sharma（2000）的研究已经证实，高管人员对环境问题的认识会对企业的环境保护行动产生重要的正向影响。一旦高管人员意识到环境保护行动的积极意义，其对企业内部实施环境保护行动的支持能在企业内部形成比较强大的导向力量，进而决定企业的环境保护战略。Fineman（1997）指出，高管人员对企业内部环境保护行动的支持与承诺的程度越高，企业进行生态创新的相关资源的可得性就越高，就越有利于带动企业资源向有利于生态创新的方面进行配置（Hoo，2009）；进一步地，当高管人员对企业生态创新行动给予足够的支持和肯定时，相关行动的跨部门合作和企业间合作的开展也更加便利，不同知识之间整合并影响产出过程的可能性也越高，也越有利于激发相关人员生态创新的积极性和创造力的调动，这些都构成了影响企业生态创新的积极因素（Weng & Lin，2011）。Eiadat（2008）、Hoo（2009）、Weng和Lin（2011）的实证研究都支持高管对环境保护的态度会对企业生态创新产生积极的影响，越来越多的研究人员也都支持这一观点。因此，结合相关文献，本书以“高管环保态度”作为高级管理者因素的研究变量。

根据前文的分析，可以看出，企业生态创新受到内部和外部多种复杂因素的影响。其中，内部因素尽管企业本身可以发挥相当的作用，但不同的企业在企业环保资源冗余和高管环保态度方面依然存在很大的不同，从而导致同样的外部条件，在不同企业却产生不同的生态创新结果；外部因素主要是市场因素和政府因素，单个企业对其产生的影响几乎可以忽略，这是企业环保问题面对的外部宏观特征，构成了企业生态创新的外因力量，经由其与企业内因力量的互动，最终会对企业生态创新产生了很大的影响。这些因素对企业生态创新的影响可以表示为图3－4，图中①表示高管环保态度和市场环保导向之间的关系交互，②表示的是组织环境资源冗余和市场环保导向之间的关系互动，③是政府环保导向与高管环保态度之间的关系互动，④是组织环境资源冗余和政府环保导向之间的关系互动。这个关系模型构筑起了后续关于企业生态创新影响企业绩效分析的基础。

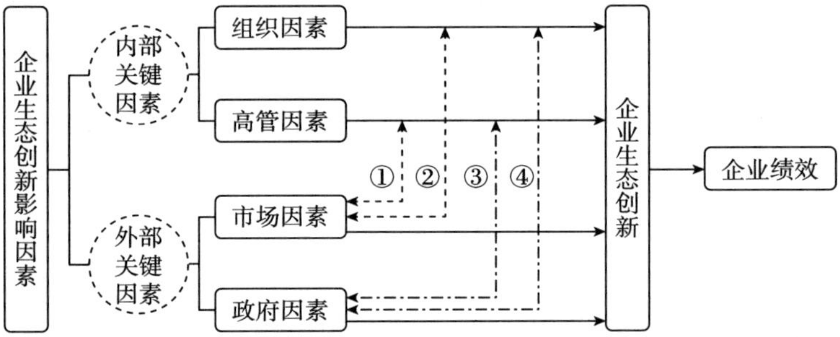

图3－4　企业生态创新的关键影响因素及其关系交互

注：图中的带圈数字序号分别表示4种不同的交互关系。

第三节　生态创新影响因素的实证分析

一、实证模型的推导和构建

（一）模型的导出

在前面的章节中，通过理论分析和探索性案例研究，首先得出了影响企业生态创新的关键因素，并探讨了其影响企业生态创新的基本机理；其次，从理论角度分析了企业生态创新对企业经济绩效和环境绩效提升的影响，并探讨了其一般影响路径。在管理学中，实证研究和理论研究通常相辅相成，实证研究的深入展开可以对理论分析的结论进行检验，也可以在实证的过程中发现理论分析的局限或者不足，进而推进新的理论分析方法或者观点的产生。在基于调查的实证研究过程中，需要合理地设计问卷，据其展开科学的抽样调研，采用合适的方法进行数据的加工和分析，方能得出有意义的结论。因此，对于生态创新影响企业绩效提升的路径的分析，需要基于理论分析探索，在调研基础上进行实证分析，来形成理论分析结论的经验支撑。基于此，本书将在问题分析和假设的基础上，完成实证研究中相关变量的预设及其指标选择，进而对问卷调研进行有效性控制，以此为基础确定数据的收集、数据处理和分析方法选择，为具体实证分析的展开奠定基础。

从企业生态创新的角度来看，以生态创新来提升企业绩效意味着企业在生产经营的过程中，企业的投入、产出等各种行动旨在能不断提升资源和能源的使用效率，并不断降低对环境的负面影响，其中蕴含了通过增强对资源、能源的使用优化及促进环境改善来提升企业的市场竞争优势，同时满足政府对企业行为的环境规制要求。在这个过程中，企业通过积极的生态创新，提高了资源生产力，满足社会环境产品需求，既促进环境改善，也提高了企业的产出效率和竞争力。因此，整个研究过程可以区分为紧密联系的两个阶段：一是各种影响因素促进企业生态创新的过程机制，即“影响因素—生态创新”的机制；二是生态创新促进企业绩效提升的过程机制，即“生态创新—企业绩效”的机制，以及二者关系的整合机制，即“影响因素—生态创新—企业绩效”的机制。

对于各种影响因素促进企业生态创新的过程机制，即“影响因素—生态创新”的机制，前文基于探索性的案例研究已经发现，影响企业生态创新的主要因素包含内部因素和外部因素两个方面，其中，前者主要是组织因素和管理者态度，后者主要是市场竞争因素和政府制度因素。作为一种内因力量，不同的企业在组织因素和管理者态度方面存在很大的不同，即使面对同样的外部影响力，企业生态创新的行动也往往存在差别；类似的道理，外部因素是企业环境保护问题所面对的外部特征，它只有和企业的内因力量一起考察，才能更清晰地看到其对企业生态创新行为所产生的影响。对这个过程的深入认识，需要进一步明晰的几个重要问题是：

第一，这些不同因素影响企业生态创新的机制存在什么不同？前文根据GT法的结果，影响企业生态创新的关键因素中，市场因素带给企业的生态创新压力主要源自产品消费者、产业链上下游企业、社会公众对企业生态产品的需求以及社会环境伦理变迁和市场竞争；政府因素带给企业的生态创新的动力主要是政府环境规制带来的环保压力和政府对各种生态创新行为给予的各种补贴、税费优惠等经济利益产生的吸引力；组织因素主要是企业拥有的有助于生态创新的动力资源和便于生态创新展开的基础资源；管理者因素主要涉及企业管理者对环境保护问题的看法和态度等。本书认为，这些不同的因素对企业生态创新的影响机制是存在差别的。

第二，在促进企业生态创新的过程中，这些关键的影响因素之间是否存在某种协调一致的机制，换句话说，不同关键因素产生作用的过程中是否存在冲突以及内在的冲突协调机制。比如说，在新兴的生态创新市场上，市场制度和市场环境高度易变时，企业是否拥有灵活应对外部环境变化所需的各种资源，即企业是否存在一定程度的资源冗余来降低外部不确定性带来的创新风险？组织的这种资源特性对市场因素和政府因素的作用发挥产生了何种作用？换句话说，在市场因素和政府因素影响企业生态创新的过程中，组织因素究竟是起调节作用还是中介作用等，这些现实的问题提醒我们，对不同关键因素之间可能存在的协调一致的机制探讨是很有必要的。

第三，实际中，无论是市场环境还是政府制度发生变化带给企业生态创新的影响，根本上还是要通过企业决策发挥出来。这意味着，企业高管的环境意识或者对环境问题的态度具有非常重要的影响。高层管理人员的价值观、对环境问题的认知决定了其在一定的制度背景下对生态创新的重要性和紧迫性的解读，进而影响企业对生态创新的行为选择，比如，在其他关键因素促进企业生态创新的机制中，高管人员对环境保护的态度究竟是起调节作用还是中介作用，都值得进一步的探讨。

因此，在这个角度上，实证分析需要关注的不仅仅是各个关键的内部和外部因素对企业生态创新的作用，也需要对这些因素之间的交互影响做进一步的研究。根据前述理论分析，将控制变量、各关键解释变量等全部纳入回归模型，建立前因分析主模型（3－1），有：

$$EI = \beta_0 + \beta_1 MC + \beta_2 PR + \beta_3 OS + \beta_4 MA + \sum \lambda_i other + \varepsilon_i \quad (3-1)$$

式（3－1）中，*EI* 表示企业生态创新，*MC* 表示市场竞争，*PR* 表示政策规制压力，*OS* 表示组织冗余，*MA* 表示管理者态度，*other* 表示其他控制变量。

（二）模型的恰适性

建立多元回归分析模型，需要从变量间的相关性、方差齐次性、残差独立性和多重共线性等方面进行检验，来判断多元回归模型建立的适当性。根据表 3－2 的分析，可以看到市场竞争、政府规制、资源冗余和高管态度与生态创新之间的相关性，说明建立多元回归模型是可行的。

表 3－2 相关变量间的 Pearson 相关性

变量	*MC*	*PR*	*OS*	*MA*	*EI*
MC	1				
PR	0.478	1			
OS	0.384	0.696	1		
MA	0.457	0.702	0.384	1	
EI	0.473	0.701	0.617	0.668	1

注：表中的数据是在双侧 0.01 水平上显著。

1. 异方差检验

通过方差的齐次性检验或者异方差检验可以揭示各个方差之间在一定的显著性水平上的差异程度。对此，常见的做法是对相关数据进行 Bartlett 球形检验，一般认为，当 KMO 在 0.70 以上，Bartlett 球形检验统计值显著时比较适合展开因子分析。相关检验结果如表 3－3 所示。从表中可以看到，Bartlett 球形检验的卡方值 1157.672，显著性比较好，KMO 值为 0.912 远大于 0.70，说明比较适合进行因子分析。

表 3－3 KMO 和 Bartlett 检验

Kaiser－Meyer－Olkin 样本充分性检验		0.912
Bartlett 球形检验	近似卡方	1157.672
	自由度	42
	显著性	0.000

2. 自相关性检验

自相关性的检验通常是判断回归方程残差的独立性情况，检验方法主要是采用 DW（Durbin – Watson）检验方法，计算残差的 d 统计量，在给定的样本容量和显著性水平下，根据 DW 数值表，得到 d 统计量的上下限（dl，du），再比较该区间和计算所得 d 统计量的关系。当 d 统计量的值小于 2 且接近 0 时，或者 d 统计量大于 2 且接近 4 时，数据分别存在负的和正的自相关现象，d 统计量的值在 2 附近时，可以认为自相关不显著。在检验的过程中，将生态创新作为解释变量，将控制变量和解释变量分别纳入回归方程，计算得到的 d 统计量为 2.013，d 统计量的值非常接近 2，说明样本数据可以通过自相关检验，自相关现象不显著，回归残差的独立性较好。

3. 回归模型的多重共线性检验

多重共线性的检验中，一般是采用强制变量介入法，即全部控制变量和解释变量都进入回归模型，分析模型变量容忍度（Tolerance，T）和方差膨胀因子（Variance Inflation Factor，VIF）的值，通常的判别标准要求 T < 0.1 和 VIF < 5，T 越小 VIF 越大，多重共线性问题就越突出。此处以生态创新为被解释变量计算各变量的 T 值和 VIF 值。如表 3 – 4 所示，各变量的 T 值和 VIF 值都处于显著的不存在多重共线性区域，建立回归模型是适当的。

表 3 – 4　回归模型的 T 值和 VIF 值

变量	特征	EI	
		T	VIF
CG	<3	0.611	1.637
	3 ~ 5	0.814	1.229
	5 ~ 10	0.765	1.307
	10 ~ 15	0.645	1.550
	>15	0.428	2.336
CS	<100	0.387	2.584
	100 ~ 500	0.428	2.336
	500 ~ 1000	0.566	1.767
	1000 ~ 1500	0.626	1.597
	1500 ~ 2000	0.432	2.315
	>2000	0.457	2.188

续表

变量	特征	EI	
		T	VIF
CI	制造业	0.879	1.138
	非制造业	0.668	1.497
	其他	0.452	2.212
CS	国有及国有控股企业	0.884	1.131
	民营企业	0.756	1.323
	其他	0.389	2.571
MC		0.687	1.456
PR		0.464	2.155
OS		0.579	1.727
MA		0.871	1.148

二、研究假设

（一）关键因素影响企业生态创新的研究假设

1. 市场压力与企业生态创新

市场压力可以促进企业行为的改善已经是理论界和实务界公认的事实。企业对来自市场竞争的各种压力的回应是企业获得市场竞争优势的基本途径，在参与市场竞争的过程中，企业为了生存必须通过市场获取信息并进行回应（Morgan et al.，2009）。大量的实证研究已经证实，在市场上，企业产品需求者、产业链上下游企业、技术进步、制度变迁、公众态度、社会伦理等方面都会对企业决策构成压力（Hansen，2002；Berkhout，2005；Kemp & Pearson，2007；Horbach，2008），从而促成企业的生态创新行动。在这个过程中，市场压力不仅使企业为了获得市场竞争优势而整合资源以促成企业绩效的提升，也使企业可以与产品需求者、产业链上下游企业保持良好关系，获得创新思想和方法的启迪，进而带动企业的生态创新（Renning，2000；Weng & Lin，2011；Kesidou & Demirel，2012；Chen，2013）。比如 Horbach 等（2012）的研究发现，企业的行业关系地位对其生态创新行为有比较明显的积极作用，企业与其他社会机构之间的产业研发合作也会积极作用于其生态创新行为；DeMarchi（2013）的研究发现，企业与社会上其他机构如各种专业研究机构、高校之间展开的积极的研发合作对企业生态创新具有显著正向影响。实际中，企业的市场压力不仅来自于对客户和技术的争夺，也包括制度变迁和社会伦理等的演进所形成的压力。从制度理论的角度看，市场制度和社会伦理的演进隐含了社会对企业发展方向的期许，即一定背景下社会对企业行为的形塑，当企业的行为符合制度和社会伦理要求进而获得组织合法性认同时，企业才能基于对特定社会价值观的履行而获得相应的生产资源、社会地位和产品认同，进而带来企业绩效的改善（Berrone et al.，2013）。Slater 和 Narver（1994）、Jaworski 等（1994）等早就认为市场压力是企业成功进行创新的重要源泉，Renning（2000）证明了市场因素是推动企业生态创新的积极力量；Ellis（2008）进一步证实了创新能力更强的企业通常对市场压力的回应能力也较强。从而，在一定的市场环境、制度背景和社会伦理下，市场压力可能使得生态创新成为企业回应市场压力的一种装置，通过这种装置，企业不仅可以得到组织认同和产品认同，也可以获得各种专用性的异质资源和能力，这使得企业可以做好别的企业不能做的一些事情（Sharma & Vredenburg，1998；Horbach，2012；Berrone et al.，2013）。

据此以及前文的分析，本书提出假设：

假设 1－1：市场竞争压力对企业生态创新有显著的正向影响。

2. 政策规制压力与企业生态创新

政策规制对企业行为的牵引和塑造具有的重要作用也得到了理论界和实务界的公认。在生态创新与企业绩效的早期探索阶段，Porter 和 Van der Linde（1995）就开始强调政府规制力量对企业生态创新的促进作用，随后，Jennings 等（1995）进一步明确了政府规制是企业采取环境行动的重要力量来源。由于企业生态创新对于环境改善具有正外部性效应，使得政府倾向于以规制手段来驱动企业生态创新（Berkhont，2005；Horbach，2008），Eiadat 等（2008）的研究也说明了政府强制性工具更能促进企业在较长时期内采取环境保护行动，而且，严格的规制和切实的执行一起使得政府的环境政策成为企业生态创新的重要动机；Kammerer（2009）以德国企业为例展开的实证研究进一步佐证了政策规制压力和企业生态创新之间的正向变动关系。Murillo－Luna 等（2008）的研究指出，面对严格的政府环境规制产生的压力，对企业的环境行为进行管理是企业一项重要的战略任务。对此，Horbach（2008，2013）的理解是，在企业缺乏以生态创新手段来解决环境问题的经验时，企业通常难以体会到生态创新带来的积极意义，此时政府强力介入以倒逼企业行为的各种手段迫使企业认识到生态创新的好处是非常重要的，而且，对环境规制的企业行为相应越早，越容易获得市场先发优势，从而奠定竞争优势获得的基础。Turkenburg（2002）、OECD（2007）、MEI（2008）等从政策激励、环境标准、管制手段等方面对政策规制压力与企业生态创新之间的关系展开了相应研究，多数也得到了政策规制压力与企业生态创新之间具有正向变化关系的结论。

据此以及前文的分析，本书提出假设：

假设1－2：政策规制压力对企业生态创新有显著的正向影响。

3. 企业资源冗余与生态创新

企业的冗余资源是企业可灵活使用的、具有低约束力特征的资源，它的存在有助于企业缓冲来自内部和外部的意料外冲击。Cyert 和 March（1967）就将组织冗余视为企业变革与创新的资源。毫无疑问，企业生态创新行为明显受到组织所拥有的各种资源的影响，这使得从基础资源观的角度对企业生态创新的考察具有重要意义，即使是在战略管理的文献中，企业所拥有的异质资源和能力也被认为是企业战略选择的重要前提。Wernerfelt（1984）关于企业基础资源理论的探讨标志着企业发展基础资源观的诞生，在该理论的视野中，企业绩效提升的根本在于企业拥有的异质性资源，这些资源产生了竞争优势。Collis（1995）和 Montgomery（1995）指出，拥有最适当资源的企业往往比竞争对手表现更好，在中长期范围内，企业的成功更加依赖于自身构建、培育、拥有或者便于获得的专用性资源和能力，从而企业成功的关键是在动态的竞争环境中有效整合自身资源的能力（Barney，1991；Molitemo & Wiersema，2005）。企业通过整合自身拥有或者可以方便获得的各种设施、技术、制度等来赢取社会公众对企业及其产品的认同，面对复杂多变的竞争环境，应对来自多方的压力进而维持或拓展竞争优势，企业通常会利用掌握的资源建立组织的应变弹性来应对不可知的外部冲击（March & Simon，1958；Bourgeois，1981），Singh（1986）、Bromiley（1991）Miller（2000）、陈龙波（2007）和姜针针（2012）的实证研究都证明了这种资源冗余带来的组织弹性和企业绩效之间的正向关系。Sharma（2000）的研究指出，企业拥有的技术、管理技能与经验、创新能力、社会关系等可支配资源的多少直接制约着企业管理者对环境战略的选择，Buysee 等（2003）和方润生（2004）等进一步指出，具备所需的相应资源是企业实施生态创新的基础条件，而冗余资源的存在使得企业在失败承受力、长周期创新的容忍力、高创新成本的承担力和新技术新设备的购买力等能力得以提高，从而促进企业的生态创新行为。Bowen（2010）进一步明确了企业的资源冗余有利于企业生态创新战略的实施和创新能力管理，而且在企业的各种资源中，冗余资源最有利于促进企业的生态创新。

据此以及前文的分析，本书提出假设：

假设 1-3：企业资源冗余对企业生态创新有显著的正向影响。

4. 高管环保态度与企业生态创新

大量的理论研究已经说明，鉴于高管人员在企业决策与运营中所起的重要作用，高管人员对企业所面对的特定问题的态度是解释企业行为的关键因素之一。Hambrick（2007）指出，高管对环境问题的态度是其价值观、职业经历与经验及其人格特质的表征，其对环境问题的认知模式决定了对环境问题的理解、看待以及可能采取的行动模式。具备较高环保知识、环保意识以及环境管理技能的高管人员，其对环境问题的关注和重视的态度能对企业的生态创新行动产生明显影响（Fergusson & Langford，2006）①，从而成为促使企业采取生态创新手段以回应外在压力的重要驱动因素（Eiadat，2008），对此，Qui 等（2010）和 Sharma（2000）的实证研究也证明，高管人员对环境问题的态度是企业采取生态创新战略的关键因素。当高管人员将环境问题的处置视为一种机会，则有可能采取前向的生态创新战略（Chang，2011），因而高管环保态度对企业以生态创新手段来应对环境问题的解决具有显著的正向影响（Gadenne et al.，2009）。这种状态出现的可能理由包含两个方面：一是管理者依托自身对环境问题的认知而促使企业采取生态创新战略来回应外界对环境问题的关切，可以塑造自身良好的价值观取向和职业形象，通过对社会责任问题的积极回应，试图避免外界将环境问题的管理能力纳入自身管理能力和管理质量的判断体系（Stanwick & Hillison，1992；Hoff-

① H. Fergusson，D. A. Langford. Strategies for Managing Environmental Issues in Construction Organizations [J]. Engineering Construction & Architectural Management，2006，13（2）：171-185.

man，2002）。二是当环境问题成为外界的关切，考虑到管理者自身的利益与企业发展状况密切相关，管理者对环境问题的积极态度可以反映其对环境问题的判断，已经从对组织合法性的回应较变为企业积极参与并获取竞争优势；当企业的生态创新手段不仅可以赢得组织认同，而且可以降低企业产出成本和获得市场先机时，高管对环境问题的积极处置将被认为是有利的，外部群体对高管采取的环境战略行动的可能将进一步提升高管人员施行生态创新战略的积极性。

据此以及前文的分析，本书提出假设：

假设 1 -4：高管环保态度对企业生态创新有显著的正向影响。

（二）关键因素间的关系交互与企业生态创新

1. 企业资源冗余的中介作用

企业资源冗余会对各种关键因素影响企业生态创新的作用产生明显影响。结合 March 和 Simon（1958）提出的“冗余”（Slack）概念和 Bourgeois（1981）定义的组织冗余概念，我们可以将企业资源冗余理解为企业在内部保留超过实际需要的各种资源以应对来自内部和外部的环境变化对产出的冲击，其实质是企业通过持有超过实际需要量的富余资源（Cyer & March，1963；Child，1972），在运营管理过程中构建起的一种应对不确定性的资源缓冲装置，它的存在提高了企业应对冲击的弹性，或者说提高了企业面对内部和外部环境因素变化而成功实施应对举措的灵活性（March，1979；Bourgeois，1981）。Sharfman 等（1988）、Bourgeois 和 Singh（1992，1994）等从企业对相关资源的可获取性出发，认为企业的资源冗余可以包括未被纳入企业组织程序的可利用冗余资源，已经被企业产出系统流程吸收且可以通过组织流程再造等降低成本的可开发冗余资源，和企业通过对外经济关系可以方便地从外部获得的额外资源的潜在冗余资源；结合企业资源的表现形态可以发现，企业冗余资源可能会以财务资源、技术资源、组织管理资源、人力资源等形式存在。组织的资源冗余往往被视为一个独立的变量，来参与到关于组织战略目标选择、内部治理冲突、创新战略选择以及行为效率改善的研究中（陈龙波，2007；姜针针，2012）。

从组织战略管理的角度看，生存是企业的终极目标，作为企业应对不确定性的弹性装置，企业资源冗余能够使得企业在应对各种变革压力时保持灵活性，可以助力企业长期存活下去。从这个角度看，冗余的资源既是企业灵活性的体现，也是企业实施超越当前生存条件的投资行动的诱因和解决发展冲突的资源保障。当企业拥有冗余资源时，企业在解决可能存在的问题时，可以将核心技术从发展的动态不确定性中进行隔离，从而服务于企业的战略性行动，使得企业可以在易变的不确定性中得以持续。只要企业不超量拥有，冗余资源就和企业绩效之间存在正向变动关系。从代理理论的角度看，考虑到现代企业的两权分离特征，依据 Jensen 和 Meckling（1976）的观点，冗余资源的存在构成高管人员主动行为的有利条件。从这个方面看，冗余资源的存在，不仅为其他因素变化时企业的主动应对提供了灵活性，也加强了高管行为落实的效率①。Singh（1986）、Davis 和 Stout（1992）、Leibleint（1996）等的研究都证明了企业的资源冗余水平与企业高绩效之间的正向关系，Hambrick（1988）和 Greenley（1998）的研究指出，较之持续经营的企业，进入清算环节的企业通常都缺乏足够的资源冗余，从而佐证了企业资源冗余与企业绩效之间的正向关系。在上述的分析中，可以看出，企业资源冗余的中介作用表现为市场竞争压力、政策规制压力和高管环保态度对企业生态创新的影响经由企业资源冗余发挥作用，当企业拥有的资源冗余度越高，市场竞争压力、政策规制压力和高管环保态度对企业生态创新的促进作用就越明显。

据此以及前文的分析，本书提出假设：

假设 1 -5：企业资源冗余是市场竞争压力与企业生态创新之间的中介。

假设 1 -6：企业资源冗余是政策规制压力与企业生态创新之间的中介。

假设 1 -7：企业资源冗余是高管环保态度与企业生态创新之间的中介。

假设 1 -8：企业资源冗余越多，市场竞争压力与企业生态创新之间的正向关系越显著。

假设 1 -9：企业资源冗余越多，政策规制压力与企业生态创新之间的正向关系越显著。

假设 1 -10：企业资源冗余越多，高管环保态度与企业生态创新之间的正向关系越显著。

2. 高管环保态度的调节作用

根据 Taylor（1984）的观点，企业决策行为的重要内容之一就是企业管理者

① M. C. Jensen, W. H. Meckling. Theory of the Firm: Managerial Behavior, Agency Costs and Capital Structure [J]. The Journal of Financial Economics, 1976, 3 (4): 305 -360.

对企业面临问题的态度以及如何配置自己的关注点，从而高管层对特定问题的态度成为企业决策的重要决定因素；管理者的态度是其价值观、经历与经验、相关知识、偏好和行为信念的表征（Ocasio，1997），即使面对相同的外部环境和经济条件，不同的管理者影响下的企业决策往往出现较大的差别。当管理者具有较强的环境保护意识，对采取相应的措施以实现较高质量的环境管理持有积极态度时，面对市场竞争压力和政策规制压力，在内部和外部各种条件具备时，极容易推动企业环保战略的实施。在这个过程中，高管环保态度与其他因素的交互关系对企业生态创新的影响会通过调节作用发挥出来。

政策规制压力通过影响高管对环境问题的态度进而影响企业生态创新行为的实施，当企业和高管感受到很大的政府环境规制压力时，意味着政府凭借其权威提出了很高的环境保护标准，而且对企业违反环境标准的行为监管很严且惩戒措施非常严厉，此时，作为企业管理者的高管群体会意识到，在环境保护问题上的懈怠或者管理不力不仅影响企业的道德合法性和规制合法性，也会因为惩处影响企业的实际绩效，从而削弱自身利益的基础。在这种情况下，企业高管无论是出于自愿还是被迫都会关注有关环境规制的各种信息，效仿同行的环境管理实践或者进行环境管理创新，以生态创新举措降低企业违反规制的成本并提高企业的道德合法性和规制合法性。通常，政府环境规制除了惩戒措施外还辅之以经济激励手段，如对积极施行环境保护措施的企业根据其产出行为环境影响的降低程度予以经济利益奖励或者补贴，这会使得高管意识到企业的生态创新行动是有利可图的，为了尽可能地获取政府的资源支持、奖励或者补贴，高管也会促使企业采取生态创新行为。另外，在市场竞争的过程中，企业产品需求者的环保意识增强，会直接影响产品的直接或间接的市场需求进而导致企业产品市场占有率的改变，这会促使高管推行生态创新措施不断推出适合客户需求的生态产品以维持或提高市场竞争优势；影响企业生态创新的另一重要力量源自竞争者的环境保护战略的实施，竞争者浓厚的环境保护意识、环境保护行动和较高的环境绩效，可以树立起行业发展的榜样进而使得其高管群体在获得较高经济利益的同时，也可以获得良好的市场口碑，这种典型或者榜样的力量会给后进企业的高管形成巨大的竞争压力，从而促使其调整环保态度并积极施行生态创新。

企业生态创新的其他关键因素作用的发挥受到高管环保态度的影响，面对来自内部或外部的各种压力，高管的环境保护意识越强，对环境保护问题的态度越积极，越能充分意识到生态创新行动所带来的经济或非经济利益，企业也越可能进行生态创新（Chang，2011）。在高管对环境问题持有比较积极态度的情况下，高管人员从市场竞争和政府规制方面感受到的压力越大，就越能意识到环境问题的重要性，从而促使其将环保问题纳入企业发展战略的高度，并在生态创新方面投入更多的企业资源（Kocabasoglu & Prahinski et al.，2007）①，进而强化了市场竞争压力和政策规制压力对企业生态创新的促进作用。而且，高管环保态度越积极，他们对企业环保行动的意义认识也会越深刻，对标行业先进者的意愿也越强烈，调整内部资源配置获取生态创新的市场先行利益的动机也越强烈，在这个过程中，不仅企业冗余资源的使用效率会提高，政府规制和市场制度变迁带来的制度约束力也得以提升，从而使得高管的环境保护态度对其他关键因素影响企业生态创新的作用得到了更大程度的发挥。

据此以及前文的分析，本书提出假设：

假设 1－11：高管环保态度在市场竞争压力与企业生态创新之间起调节作用。

假设 1－12：高管环保态度在政策规制压力与企业生态创新之间起调节作用。

假设 1－13：高管环保态度在企业资源冗余与企业生态创新之间起调节作用。

3. 生态创新的影响因素间的关系交互与企业生态创新

在实际中，影响企业生态创新的各种关键因素之间不可能是彼此完全割裂地发挥作用，在各种因素直接影响企业生态创新的基础上，关键因素之间的关系交互也对企业生态创新存在积极的促进作用。这种关系的交互作用除了上述的中介和调节作用之外，还存在着市场竞争压力和政策规制压力之间的关系交互对企业生态创新的促进作用。在市场上，政府规制表现为对企业生态创新的推动作用，正如 Porter 等（1995）所言，在企业缺乏生态创新行动的经验时，或者因为生态

① Kocabasoglu，Prahinski et al. Empirical Research Opportunities in Reverse Supply Chains［J］. Omega，2006，34（6）：519－532.

创新的环保结果和环保知识存在明显的正外部性，企业往往将环境管理的付出完全视为企业的额外成本，从而缺乏实施生态创新的主动性，此时，考虑到生态创新结果的外部性，政府规制可以有效地推动企业施行生态创新战略；而围绕环境问题展开的市场竞争表现为对企业生态创新的牵引力量，当行业竞争者积极展开生态创新时，企业和标杆之间展开的道德合法性和规制合法性竞赛以及对市场竞争优势获取的竞赛，可以激发企业更积极地采取生态创新战略；这两种力量的结合能更好地促进企业生态创新（Renning，2000；Horbach et al.，2012）。此外，对于生态创新的双重正外部性而言，不可能完全由政府给予补偿，此时，依托市场竞争以生态产品溢价的形式由客户给予补偿就成为企业转移额外创新成本的重要机制（Renning & Rammer，2011）①，在这种情况下，企业产出品的生态含量将成为市场评价的重要指标内容，从而引导市场资源向更好地实施生态创新的企业流动，进一步促进了生态创新企业先发优势的形成。因此，本书提出假设：

假设 1 - 14：市场竞争和政策规制之间的关系交互与企业生态创新具有正向关系。

假设 1 - 15：市场竞争和资源冗余之间的关系交互与企业生态创新具有正向关系。

假设 1 - 16：政府规制和资源冗余之间的关系交互与企业生态创新具有正向关系。

（三）本阶段研究假设汇总

本书的研究假设包括两个环节：第一环节是影响企业生态创新的关键因素对企业生态创新的作用假设，包含市场竞争压力、政策规制压力、企业资源冗余和高管环保态度四个关键因素的 4 个假设，和涉及关键因素交互关系对企业生态创新影响的 12 个假设，分别是企业资源冗余对竞争压力和政策规制压力的中介和调节作用的 6 个假设，和高管环保态度对市场竞争压力和政策规制压力的中介和调节作用的 6 个假设。本阶段研究假设汇总见表 3 - 5。

---

① Klaus Rennings，Christian Rammer. The Impact of Regulation - Drive Environmental Innovation on Innovation Success and Firm Performance [J]. Industry & Innovation，2011，18 (3)：255 - 283.

表3-5 本阶段研究假设汇总

假设	假设内容
假设1-1	市场竞争压力对企业生态创新有显著的正向影响
假设1-2	政策规制压力对企业生态创新有显著的正向影响
假设1-3	企业资源冗余对企业生态创新有显著的正向影响
假设1-4	高管环保态度对企业生态创新有显著的正向影响
假设1-5	企业资源冗余是市场竞争压力与企业生态创新之间的中介
假设1-6	企业资源冗余是政策规制压力与企业生态创新之间的中介
假设1-7	企业资源冗余是高管环保态度与企业生态创新之间的中介
假设1-8	企业资源冗余越多，市场竞争压力与企业生态创新之间的正向关系越显著
假设1-9	企业资源冗余越多，政策规制压力与企业生态创新之间的正向关系越显著
假设1-10	企业资源冗余越多，高管环保态度与企业生态创新之间的正向关系越显著
假设1-11	高管环保态度在市场竞争压力与企业生态创新之间起调节作用
假设1-12	高管环保态度在政策规制压力与企业生态创新之间起调节作用
假设1-13	高管环保态度在企业资源冗余与企业生态创新之间起调节作用
假设1-14	市场竞争和政策规制之间的关系交互与企业生态创新具有正向关系
假设1-15	市场竞争和资源冗余之间的关系交互与企业生态创新具有正向关系
假设1-16	政府规制和资源冗余之间的关系交互与企业生态创新具有正向关系

三、问卷设计与变量测量

（一）问卷设计

通过实地调研获得数据进行统计研究是目前科学研究中广泛采用的资料采集方法，主要包括调查问卷和实地访谈法，简单且便捷易行是其最大的特点，而且所获取的资料可以根据所研究的实际内容进行比较灵活的调整。针对本书所研究的问题，企业对生态创新影响因素以及生态创新对企业绩效影响问题，内含着很强的企业特质因素，实际中缺乏充分而细致的数据库可用，而且企业对生态创新的影响因素的感知并不具有完全的可比性，这些方面构成了本书选择问卷调查作为数据采集方法的基本理由。

1. 问卷设计的一般原则

对于问卷调查法而言，所采集数据资料是否客观、有效、可靠取决于问题和问卷设计以及预测的严谨性处理。王重明（1990）指出，研究者所研究问题的基本目标及其理论依据决定了问卷题项的安排、问卷的内容与结构和量表设置。总体上来说，所用调查问卷的基本结构包含以下五个方面：问卷引言、答题指导、问题、选项和其他资料（李怀祖，2004）。通常来说，问卷调查法的使用基于以下基本前提，即被调查者能认真阅读问卷的内容，能理解问卷中所测量的各项问题，且能予以真实客观的回答。

2. 问卷设计的过程与方法

问卷中的每个测量题项的设计都必须符合数据资料采集的基本目标要求，问卷测量题项的设计，主要是根据桑德斯（2004）提出的问卷设计基本方法来展开：首先是尽可能采用已经在实际研究中使用过的较成熟的问卷题项；其次是对已经使用过的问卷中的部分题项进行修改，以更加切合自己的研究；最后是借鉴已有的问卷重新设计自己的问卷题项。在实际的问卷研究中，为保证问卷质量和所采集数据的可靠性，通常主要是采用第一种和第二种方法，较少采用完全由自己设计问卷题项的方法。本书实际使用的调查问卷在具体设计中，问卷中的各个题项均来自对相关文献的回顾与整理，并在局部进行了访谈测试，确保题项所涉内容、表达和语义与本书调查研究目标的一致性。

本书根据 Churehill（1979）和 Dunn（1994）关于问卷量表开发的意见和建议，整个问卷的设计经过了以下基本过程：首先是针对测量题项的设计，通过查阅大量的国内外相关文献进行分析总结，与理论和实务界有关专业人士沟通与交流，然后形成本书研究的测量题项。其次是针对初步形成的测量题项，与相关专家进行意见征询并进行修改。征求意见的范围涵盖问卷的测量题项内容、表达、语义的准确性和严谨性，以及不同测量题项之间逻辑关系的严谨与可靠性。再次是针对二次修改后的问卷，找部分企业高管进行尝试性的使用，就测量题项之间的关系、量表结构等方面征询意见，以保证量表及其内容能在实际中被切实地理解且符合实际情境。最后是针对三次修订后的问卷，在小范围内进行调研使用，评估问卷量表的信度和效度，据此修订问卷形成正式可用的调查问卷。

（二）变量测量

1. 变量测量方法

本书所涉及的主要测量变量有测量市场竞争因素的市场竞争压力变量、测量政府规制因素的政策规制压力变量、测量组织资源因素的企业资源冗余变量、测量管理者因素的高管环保态度变量，生态创新变量、企业绩效变量，以及企业年龄、行业、规模和性质等控制变量。通过这些变量，本书所要研究的是企业内部和外部各关键因素对企业生态创新的驱动及其对企业绩效的影响机制。问卷的形式主要是采用 Likert 的 5 分量表①，通过对被调查者对相关内容的认同度来评估其对相关题项的看法和态度。调查过程中，对每个企业发放一份调查问卷，要求企业高管或分管领导针对企业具体情况作答。其中，5 分量表的分值与态度的对应表示为："1" 对应 "非常不同意"，"2" 对应 "不同意"，"3" 对应 "不太确定" 或 "不太清楚"，"4" 对应 "同意"，"5" 对应 "非常同意"。

由于问卷通常是由特定个人作答，这导致主观性（Fowler，1988）和同源性偏差（Podsakoff & Organ，1986）容易出现。Fowler（1988）和李正卫（2003）就曾指出，特定个体对问卷作答会产生四个方面的偏差：一是作答者不清楚真实答案带来的偏差；二是作答者由于记忆模糊等产生的偏差；三是作答者不愿意如实作答造成的偏差；四是作答者针对题项答非所问产生的偏差。纠正这些偏差的主要措施是尽可能以企业的负责人作为问卷调研对象，调研内容尽可能与企业近期发展的情境接近，承诺保守企业商业机密等。对于同源性偏差的纠正主要是对变量进行 Harman 单因子因果测试，对初步形成的问卷进行小范围测试，根据 Churchill（1979）的方法计算各测量题项的 CITC（Corrected Item - Total Correlation）值，然后删去 CITC 值小于 0.5 的测试题项。

2. 变量与测量指标

市场竞争压力测量。20 世纪 90 年代以前，学者们对市场竞争对企业行为影响的研究主要是采用定性的描述分析，进入 90 年代，Narver 和 Slater（1990）首倡对市场竞争对企业行为的影响进行测量。在此之后，相关研究主要沿着两条线展开：第一条线是基于 Narver 和 Slater（1990）倡导的组织制度视角出现的 MKTOR 量表②和基于组织行为学观点提出的 MARKOR 量表③；第二条线是基于企业

① Likert Scale 属于评分加总式量表最常用的一种，属同一构念的这些项目是用加总方式来计分，单独或个别项目是无意义的。它是由美国社会心理学家李克特于 1932 年在原有的总加量表基础上改进而成的。

② Narver 和 Slater 根据他们提出的市场导向的操作化定义，开发出了测量市场导向水平的量表。

③ Kohli、Jaworski 和 Kumar 从三个维度——市场情报的产生、市场情报的传播和对市场情报的响应，开发出了测量市场导向水平的量表。

对其产品需求者反应而展开的测量。由于后一条线的研究不太注重心理因素测量而前者表现更优，因此，根据本书研究对象与内容，对市场竞争压力影响企业生态创新的测量，主要是借鉴了第一条线上一些文献的成果，由于修改题项的背景并不影响测量变量的性质（Cadogan & Diamantopoulos，1995），所以在前期文献的基础上，本书对相关题项的情境进行了生态化的修改，最终形成关于市场竞争压力的测量量表。

在第一条研究线上，Narver 和 Slater（1990，1994）基于组织制度和文化视角提出了首个市场竞争引导企业行为的量表（MKTOR 量表），量表主要包括企业客户、企业竞争者和企业部门协调三个行为维度共 15 个题项，题项在三个维度的分布数量为 6 个、4 个和 5 个，随后将其应用在西方企业对市场竞争反应的研究中，表现出较好的信度和效度，后来的学者广泛采用了这个量表。基于组织行为学观点开发量表的代表性学者是 Kohli 和 Jaworski（1990），其开发并经过测试与净化后，形成包含市场信息形成、信息扩散和市场对信息的反应三个维度 20 个题项的量表（MARKOR 量表），相关题项在三个维度上的分布数量分别为 6 个、5 个和 9 个，但后来的一些学者如 Farrdl 等（1997）发现其效度不够好而未得到广泛的采用。随后，学者们以 MKTOR 量表为基础，进行了大量的修订和应用，比如 Deng 和 Dart（1994）在 MKTOR 量表中加入了利润导向维度，Gray（1998）在 MKTOR 量表中加入了企业对市场竞争的反应和企业对利润的关注两个维度共 20 个题项，但都没有得到广泛认可。Lado（1998）在 MKTOR 量表纳入了几乎所有的市场参与者，形成了包含 36 个题项的量表，虽然效度好但题项太多不便操作而未获得广泛应用。进入 21 世纪后，学者们在关于市场竞争影响企业行为的市场调研中，继续在特定的情境中采用 MKTOR 量表，比如 Conduit 等（2001）和 Langerak（2004）接受了 MKTOR 量表的三个维度，但修改了问题情境和部分题项后形成的量表在实际应用中呈现出较好的信度和效度；国内很多学者也接受了 MKTOR 量表并修改其情境得到新量表并加以应用，比如谢洪明（2006）、张小军（2012）和李乔华（2014）等在实际应用中都表现出较好的信度和效度。在本书的研究中，考虑到市场竞争压力会导致企业决策和行为调整，因此主要是借鉴第一条线上关于 MKTOR 量表应用的文献成果并进行题项的情境修改，得到本书的测量量表如表 3-6 所示。

表3-6 市场竞争压力（MC）的测量题项

变量维度	测量题项	来源文献
需求者压力 MC1	MC11：本公司经常收集客户需求信息	Narver 和 Slater（1990，1994） Kumar（1993） Conduit 等（2001） Langerak（2004） Luk 等（2005） 谢洪明（2006） 王启亮（2009） 李乔华（2014）
	MC12：本公司重视客户意见以提升服务质量	
	MC13：本公司会妥善处理客户投诉	
	MC14：本公司的竞争战略建立在客户需求的基础上	
	MC15：本公司的经营战略以增加客户价值为目标	
	MC16：本公司坚持以客户为合作伙伴	
竞争者压力 MC2	MC21：本公司知道顾客为什么买竞争对手的产品	
	MC22：本公司高管经常探讨竞争对手的优势和劣势	
	MC23：本公司能迅速应对竞争对手的行为变化	
	MC24：本公司知道竞争对手为客户提供了什么产品	
	MC25：本公司知道顾客对竞争对手产品的满意度	
	MC26：本公司知道竞争对手怎么维护与客户的关系	
企业对压力反应 MC3	MC31：本公司各部门能积极参与到客户关系的协调中	
	MC32：本公司各部门能紧密协作满足客户要求	
	MC33：本公司各部门能协作制定满足客户要求的决定	
	MC34：本公司各部门都知道客户关系的重要性	
	MC35：本公司各部门针对客户的活动能彼此协作	
	MC36：本公司各部门对客户需求能登门服务	

政策规制压力测量。对政府政策影响决策者行为的研究，早些时候主要是在医疗、教育等社会公共品提供的领域进行应用，政府政策对企业决策构成压力导致企业行为变化的研究很少见。Kohli 和 Jaworski（1990）开启了依据组织行为理论从“信息—行为”逻辑角度出发研究企业感知的信息对其决策和行为影响的大门①。Jaffe 等（2005）在研究中指出，政府环境政策规制所产生的压力是激发企业生态创新的重要力量。Marinova 和 Balaguer（2009）以美国相关企业为对象的定量研究证实了政策变量对企业生态创新的正向影响方向，Johnstone 等（2010）开创了以计量方法研究政策规制因素影响企业生态创新的先河。陈启杰

① Market Orientation: The Construct, Research Propositions and Managerial Implications [J]. Journal of Marketing, 1990 (54): 2-18.

（2010）从企业感知的政策信息对企业决策与行为影响的角度，开始了政策与企业行为之间关系的直接研究，并开发了政策导向的相关测量量表。基于这个视角的研究，对政策规制影响企业生态创新决策的研究极具启发和借鉴意义，而且，从“信息—行为”角度对政策规制与企业决策之间关系的研究和市场竞争与企业决策间关系的研究具有内在的逻辑一致性。在陈启杰（2010）和 Kohli 和 Jaworski（1990）的研究基础上，本书从政策信息生成、政策信息传播和企业行为调整三个维度测量了政策因素对企业决策行为的作用，量表中的 13 个题项在上述三个维度的数量分布分别为 4 个、5 个和 4 个测量题项，且在实证研究中表现出较好的信度和效度。针对政府规制力量对企业生态创新决策影响的相关研究，如彭雪蓉（2014）开发的量表中以 4 个题项测量了政府政策对企业生态创新的驱动，量表的信度和效度也比较好。本书以陈启杰（2010）的量表为基础，借鉴李巧华（2014）和彭雪蓉（2014）针对企业生态创新情境的修改，形成本书关于政府规制压力的测量量表，如表 3－7 所示。

表 3－7　政策规制压力（PR）测量量表

变量维度	测量题项	来源文献
政策信息获取与传播 PR1	PR11：本公司通过各种渠道收集政策信息	陈启杰（2010） 彭雪蓉（2014）
	PR12：本公司有专人研究政府政策	
	PR13：本公司会定期研讨政策的发展趋势	
	PR14：本公司会定期评估政策变化对业务的影响	
	PR15：本公司内部会定期传播政策相关信息	
政策压力 PR2	PR21：本公司认为环境保护是政府的重要执政任务	
	PR22：本公司认为环境保护对整个社会很重要	
	PR23：本公司认为环境保护是企业声誉评价的重要指标	
	PR24：本公司非常关注环境保护问题	
企业行为调整 PR3	PR31：本公司会对环境政策变化做出迅速反应	
	PR32：本公司经常忽视政策变化	
	PR33：本公司战略制定受当前政策及其可能变化的影响	
	PR34：本公司会多部门定期商讨应对政策变化的举措	

企业资源冗余测量。关于企业资源冗余的测量量表目前发展比较成熟，根据

题项性质有主观题项测量和客观题项测量之分。客观题项测量量表主要是基于相关财务指标设置题项进行测量，比如 Bourgeois（1981）、蒋春燕等（2004）和李晓翔等（2011）的测量量表。考虑到所研究问题的性质和目标，以及与其他变量测量角度的逻辑一致性，本书关于企业资源冗余测量量表主要是借鉴了基于主观题项测量量表的文献成果。

对于主观题项测量量表的开发而言，Bourgeois 和 Singh（1983）从企业可进行冗余、可恢复的冗余和潜在的冗余三个维度测量了企业资源冗余，相关的量表在 Wiseman 等（1996）的研究中也被使用并表现出较好的信度。Singh（1986）将组织冗余划分为“已吸收冗余”和“未吸收冗余”，前者强调已经在企业运营中得以应用而再难利用的部分企业冗余，后者强调企业可快速调动以应对意料外变化的冗余资源。Nohria 和 Gulati（1996）进一步强调组织冗余应包括过剩的员工、未充分使用的能力、不必要的成本开支、未开发的生产潜能等方面。以此为基础，Tan 和 Peng（2003）从未吸收冗余和已吸收冗余两个维度设置题项测量了企业资源冗余；Danneels（2008）在开发的量表中进一步从资源锁定、资源预留、资金资源和人力资源四个维度测量了企业资源冗余；李剑力（2009，2010）关于组织冗余的测量量表也区分为未吸收冗余和已吸收冗余两个维度 4 个题项来测量了可用于企业生态创新的冗余资源情况，都具有较好的信度。李剑力（2009，2010）包含 5 个题项的 Likter 5 分量表被何胜德（2011）、戴维奇（2012）、张小军（2012）的研究所借鉴且在各方面表现较好的信度。本书的研究也采用主观测量法来研究企业资源冗余对企业生态创新的影响，并借鉴李剑力（2010）、何胜德（2011）的测量量表，对相关题项进行了生态创新情境的修改，从而建立起本书关于企业资源冗余测量的包含 7 个题项的 Likter 5 分量表，如表 3－8 所示。

高管环保态度测量。对于高管人员环境保护态度的测量方面，和本书研究关系较密切的文献，较早的是肖萍和方照本（2001）关于高管环保意识的测量，Gadenne 等（2009）和彭雪蓉（2014）的研究和其有类似的视角；Eiadat 等（2008）开发的关于高管环境保护态度测量的、包含 4 个题项的单维度量表的影响力较之更大，且在应用中表现出较好的信度和效度；在此基础上，Qi 等（2010）、李乔华（2014）也借鉴 Eiadat 等（2008）的量表研究了生态创新的驱

表3-8　企业资源冗余（OS）测量量表

变量维度	测量题项	来源文献
未吸收冗余 OS1	OS11：本公司可灵活支配的财务资源充足	李剑力（2010） 何胜德（2011） 张小军（2012）
	OS12：本公司留存收益足以支持市场扩张	
	OS13：本公司可利用的潜在关系资源丰富	
	OS14：本公司可方便地获得其他机构的资源支持	
已吸收冗余 OS2	OS21：本公司技术与装备先进但未充分利用	
	OS22：本公司在环保方面有丰富的专用资源且有潜力可挖	
	OS23：本公司的产能未完全发挥	

动因素。结合所研究问题的特征和目的，本书借鉴 Eiadat 等（2008）、彭雪蓉（2014）的量表，并进行了企业生态创新情境的修改，进而形成本书关于高管环境保护态度的量表，如表3-9所示。

表3-9　高管环保态度（MA）测量量表

变量维度	测量题项	来源文献
高管环保态度	MA1：本公司高层认为环境保护是企业战略的重要构成部分	Eiadat（2008） 彭雪蓉（2014）
	MA2：本公司高层认为环保创新是有效的企业发展策略	
	MA3：本公司高层认为环境保护应成为企业评价的重要内容	
	MA4：本公司高层很重视本企业生产对环境的不利影响	

企业生态创新变量测量。在企业生态创新的测量方面，由于国内企业生态创新战略尚未成型，因此直接从资源配置、组织变革等方面测量企业的生态创新存在诸多困难，多数关于企业生态创新的测量依然借助企业在环保方面的行为来进行刻画。Sharma 和 Vredenburg（1998）从企业参与环境管理的程度角度开发了测量企业生态创新程度的量表，在此基础上，Chan（2005）从企业在资源浪费减低、污染物排放减少、能源消耗下降等7个方面分析了企业生态创新行为；Chen（2006）在研究生态创新与企业的竞争优势的过程中，从企业生态产品创新和生态工艺创新两个维度8个题项展开对企业生态创新的测量；Qi 等（2010）以11个测量题项的5分量表测量了企业生态创新的驱动因素；Lin 和 Ho（2011）从废

物处理等7个维度开发的5分量表测量了物流企业生态创新的意图，在Weng和Lin（2011）的研究中应用该量表也得到了较好的结果。Chio等（2011）以Chen（2006）的量表为基础，通过包含生态产品创新、工艺创新、管理创新三个维度9个题项的5分量表研究了生态创新对企业环境绩效和竞争优势的影响，该量表在Chan（2012）和李巧华（2014）的研究中得以应用且结果显著。考虑到直接测量企业生态创新存在的困难，加之前面各变量的测量也都是从行为角度展开的，因此，本书关于生态创新的测量依然延续此前以行为表现或倾向来进行刻画的角度。本书借鉴Sharma和Vredenburg（1998）、Chan（2005）、Qi等（2010）、Chiou等（2011）、张小军（2012）关于企业生态创新的测量量表，并进行相应的情景化修改，形成本书关于企业生态创新的测量量表，如表3－10所示。

表3－10　企业生态创新（EI）测量量表

变量维度	测量题项	来源文献
生态创新	EI1：本公司为减少对环境的负面影响调整了经营活动	Sharma和Vredenburg（1998） Chan（2005） Qi等（2010） Chiou等（2011） 张小军（2012）
	EI2：本公司会主动采取环境修复行动	
	EI3：本公司为减少污染物排放和资源浪费调整了经营活动	
	EI4：本公司对非再生的资源、化学品和废旧品进行了循环利用	
	EI5：本公司主动以低污染的新能源取代传统能源	
	EI6：本公司主动采取措施以降低生产能耗	
	EI7：本公司主动采取措施降低生产对环境的破坏	

控制变量测量。控制变量属于自变量之外影响被解释变量的因素，国内外关于生态创新的众多文献已经得出，控制这些非关键因素可以有效避免对解释变量作用的混淆。根据Murphy（1996）、Aragon－Correa（1998）和Banerjee（2003）等针对探讨企业绩效的文献的整理和研究，发现应用较多的控制变量是企业性质、规模、行业、年龄等。本书借鉴这些文献成果，结合本书所研究的问题，最终形成对相应的控制变量的测量。

企业规模是非常重要的控制变量。Baylis（1998）研究发现规模较大的企业比小微企业更可能实施减弱环境负面影响的行动，Worthington等（2005）指出，不同规模的企业因资源约束差异和拥有的环境管理知识与技术丰富程度的差异，面对环境规制往往采取差异化措施。Chen（2008）以台湾信息产业企业为样本的研究支持了 Bowen（2000）关于企业规模会显著影响其环境绩效的观点。国内的学者如董颖（2012）、张小军（2012）、彭雪蓉（2014）等都将规模因素纳入了控制变量的范畴。从本书研究的视角出发，借鉴已有文献，笔者将企业规模作为控制变量并从企业员工数、年营业收入等维度对生态创新进行测量。

企业年龄是重要的控制变量，不同生命周期阶段的企业因能力和战略等方面的差异，对产出环境变化通常会有异质性响应。王永飞（2007）、张炜（2008）、马富萍（2011）、董颖（2012）、张小军（2012）、彭雪蓉（2014）等国内学者在对企业创新绩效的考察中都发现了企业年龄和企业创新特性之间存在显著关系。在前期文献的基础上，本书选择企业年龄作为又一个能影响企业生态创新的重要控制变量。企业所属行业也是一个重要的控制变量，企业的生产运营特征与其所属行业有密切关系（Bowen，2010），中国学者杨燕等（2011）、马富萍（2011）、彭雪蓉（2014）的研究都证实行业是影响企业创新自主性的重要因素，并将行业作为重要的控制变量加以应用。

企业性质作为重要的控制变量，在众多文献中也得以应用。Kannebly（2005）、张静（2011）、董颖（2012）、张小军（2012）、彭雪蓉（2014）都证实了企业的性质类型是影响企业创新决策的重要因素，只是在企业性质类型区分的角度上存在不同，比如 Kannebly（2005）从内外资的角度区分了企业性质，彭雪蓉（2014）等则是从所有制角度进行了性质区分。借鉴已有文献的成果，本书研究中应用的控制变量如表 3-11 所示。

表 3-11　控制变量测量

变量	变量定义
企业规模 CS	当年底职工人数、当年营业收入（log）
企业年龄 CG	当年年份减去注册时间（log）
所属行业 CI	区分制造业和非制造业（Dummy 变量）
企业性质 CC	国有、民营、集体，其他（Dummy 变量）

四、问卷测试与有效性控制

（一）问卷测试

1. 定性测试

生态创新与企业绩效关系研究的相关变量的测量量表形成后，为保证后续数据资料获取的可靠性，本书首先进行了定性测试。定性测试由两次构成：第一次是利用学缘关系，邀请2名管理学教授、1名管理学博士后和3名管理学博士对测量量表进行研判，审查调研内容的维度和题项，并对各题项语言表达的准确性、完整性进行审查，确保题项语言无歧义且语义准确清晰，以方便被测试者正确理解调研的内容。第二次是邀请了5位企业的高层管理人员，分别是制造业3名，流通企业2名，其身份特征分别为总经理1名，副总经理3名，总工程师1名，对问卷题项反映的内容和题项语言表达进行审查，本书根据其意见修订了题项当中的部分表达，保证了题项内容的清晰明了，精练易懂。

2. 问卷小样本测试

2017年1~3月，笔者利用学缘关系、亲属关系和朋友推荐等，对部分企业的高管人员发放问卷进行调研，共计投放问卷54份，回收的有效问卷42份，问卷有效回收率为77.78%。根据所收回问卷所呈现的信息，小样本描述的基本内容包括问卷作答人职位、企业年龄、行业、员工数、企业性质等方面。具体信息如图3-5至图3-9所示。从问卷反馈的信息看，问卷作答人中，掌握公司总体信息的总经理和法人代表占比达到28.6%，掌握生产过程和结果信息的高管占比

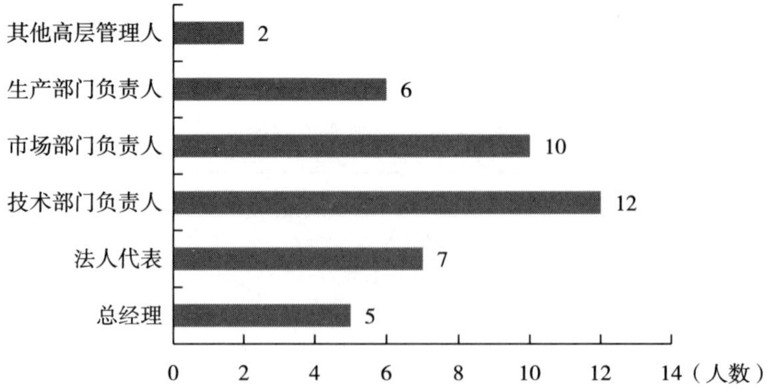

图3-5 问卷作答人职位分布

14.3%，熟悉市场发展和竞争情况的高管占比23.8%，掌握行业技术动态的高管占比28.6%，其他高管占比4.8%，结构较好。

从图3-6可以看出，被调研的企业中，年龄小于3年的新设企业占比仅7.1%，已经比较熟悉市场发展环境的年龄在3~5年的青年企业占比11.9%，持续经营期较长的年龄在5~15年的企业占比达到66.7%，年龄较长的（大于15年）企业占比14.3%，企业年龄结构较好。

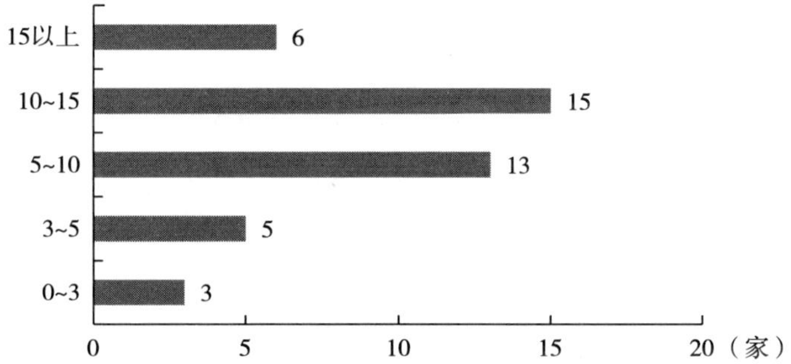

图3-6　问卷调查企业的年龄分布

根据问卷反馈的信息，从图3-7可以看出，被调查企业的行业分布中，建筑行业企业占比9.5%，有色金属加工企业占比16.7%，服装纺织行业的企业占比26.2%，医药制造行业企业占比23.8%，化学制品加工行业的企业占比19%，其他行业企业占比4.8%，所调研企业总体具有高能耗和高污染特征，行业环境管理意愿比较迫切。

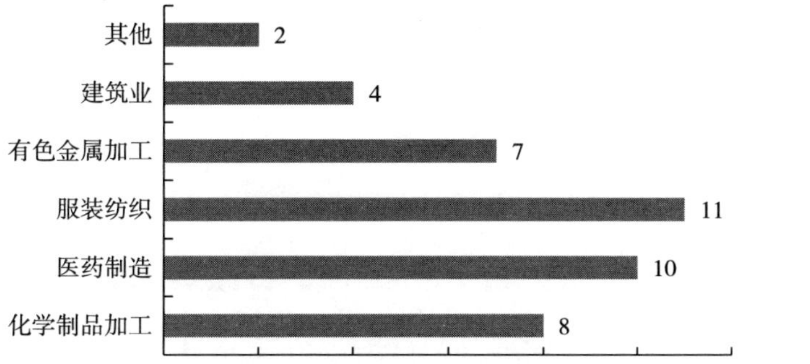

图3-7　被调查企业的行业分布

根据问卷反馈的信息，从图3－8可以看出，被调查企业的规模分布中，职工人数小于100人的小企业在总被访企业中的占比为4.8%，职工人数为100～500人的规模较小的企业占比16.7%，职工人数为500～1000人的规模较大的企业占比21.4%，职工人数为1000～3000人的规模较大的企业占比约31%，职工人数大于3000人的大型企业占比7.1%，小样本调研所覆盖的企业规模结构较好。

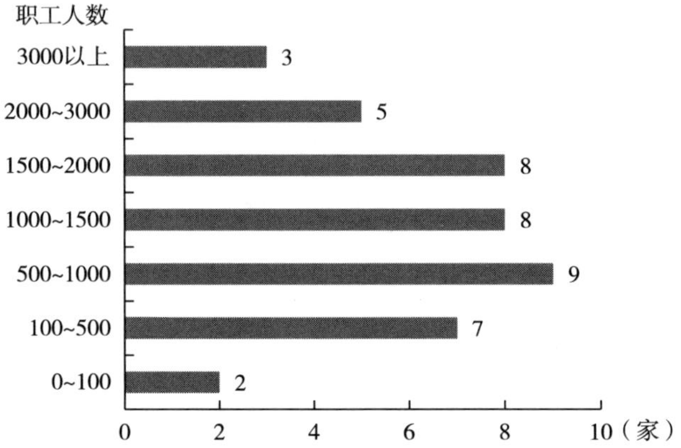

图3－8　被调查企业的规模分布

根据问卷反馈的信息，从图3－9可以看出，被调查企业的性质分布中，国有及国有控股企业在总样本中的占比为26.2%，民营企业占比为31%，集体企业占比为23.8%，中外合资企业占比为11.9%，其他性质的企业数占比为7.1%，小样本调研所覆盖的企业性质结构较好。

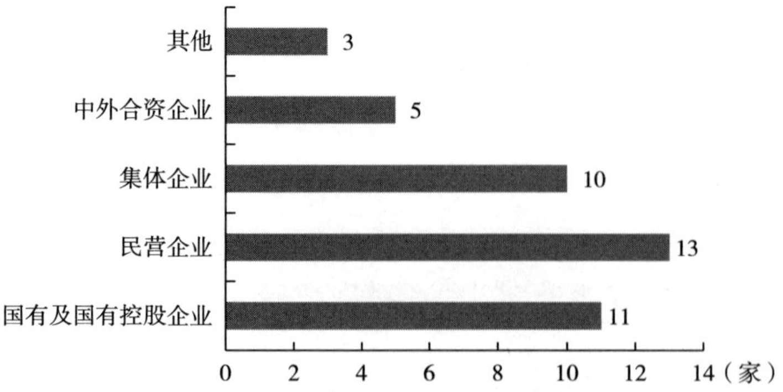

图3－9　被调研企业的性质分布

（二）问卷有效性控制

问卷的有效性控制主要是通过信度和效度检验来保证问卷所获得数据资料的有效性和可靠性。信度检验是指采用同样的方法对同一对象重复测量时所得到的结果的一致性程度，也就是反映实际情况的程度，从而反映量表的准确性。其做法主要是估计测量误差的大小来反映量表实施的误差，常用方法是 Cronbach's α 系数和总相关系数评估法（Corrected item - total correlation，CITC），所得到的信度系数越大，说明问卷可靠性越高，常用的评价标准是：可以接受的可靠性范围为 $\alpha \in [0.6, 0.8]$，可靠性较高的范围是 α 大于 0.8；原则上，CITC 值应该大于 0.5，若小于 0.5，则对应的题项可靠性低，应予以删除。本书的信度检验主要是依托 SPSS15.0 应用 CITC 法进行。

运用 SPSS15.0 对样本结果的 Cronbach's α 系数和 CITC 值进行计算，检验问卷题项的信度结果如表 3-12 所示。在各题项中，CITC 小于 0.5 的主要原因是题项所涉及的内容与其他题项存在程度不同的重复，经逐一审查 CITC 值小于 0.5 的各变量并对其进行删除，最后得到纯化后的题项，其中测量市场竞争压力的题项 13 个，测量政策规制压力的题项 11 个，测量企业资源冗余的题项 6 个，测量企业高管环保态度的题项 4 个，测量企业生态创新的题项 6 个，共计 5 个变量 40 个题项。

表 3-12 问卷题项的信度检验（CITC 值）

市场竞争压力		政策规制压力		企业资源冗余	
题项	CITC	题项	CITC	题项	CITC
MC11	0.512	PR11	0.560	OS11	0.511
MC12	0.551	PR12	0.504	OS12	0.656
MC13	0.362	PR13	0.391	OS13	0.601
MC14	0.524	PR14	0.592	OS14	0.590
MC15	0.508	PR15	0.535	OS21	0.518
MC16	0.572	PR21	0.613	OS22	0.521
MC21	0.566	PR22	0.605	OS23	0.475
MC22	0.601	PR23	0.563		
MC23	0.582	PR24	0.552		

续表

市场竞争压力		政策规制压力		企业资源冗余	
MC24	0.612	PR31	0.571		
MC25	0.593	PR32	0.003	生态创新	
MC26	0.485	PR33	0.582	EI1	0.376
MC31	0.625	PR34	0.505	EI2	0.555
MC32	0.589	高管环保态度		EI3	0.567
MC33	0.570	MA1	0.597	EI4	0.600
MC34	0.436	MA2	0.633	EI5	0.532
MC35	0.398	MA3	0.566	EI6	0.517
MC36	0.489	MA4	0.586	EI7	0.586

效度检验是考察问卷的测量手段对测量意图揭示的程度，问卷测量得到的结果与考察内容越一致则效度越高。根据荣泰生（2005）的观点，效度检验由内容效度、效标关联度和建构效度构成，实际中主要是应用内容效度和建构效度。内容效度反映问卷中测量题项的适用性，由于量表题项来自于相关文献并经过了定性测试和小样本测试，所以量表题项的内容效度比较有保障。建构效度主要是反映测量技术对预设理论意图的反映程度。建构效度的检验主要是考察收敛效度和判别效度，前者反映对同一构念的多指标测度的关联性，其实践中的常用指标是均方提取（Average Variance Extracted，AVE），AVE 大于0.5 就认为收敛效度好，收敛效度主要用于对单项题项的效度检验；判别效度反映同一构念的多指标测量的反向关联程度，常用潜变量的 AVE 差值与潜变量间的相关系数的二次方值比较，前者大于后者则判别效度好，判别效度主要是用于对问卷整体的效度检验，如表 3－13 所示。各个测量变量的 AVE 值均大于 0.5，反映出变量具有较好的效度。

表 3－13　问卷测量的效度水平

变量	MC	PR	OS	MA	EI
AVE	0.52783	0.64351	0.66824	0.68211	0.69102

五、关键因素影响生态创新的实证分析

（一）数据收集与处理

1. 数据收集

根据本书确定的研究目的、内容以及调查研究的方式和方法，为说明如何获得了真实可靠的研究数据，以下将逐次展开对样本数据收集过程的简要描述。

调研对象。由于本书研究的是企业生态创新对企业绩效提升的影响，因此企业是最基本的研究单元，鉴于企业生态创新与企业绩效以及二者的关系，一般员工的感受和了解程度通常不如企业管理者，同时参考 Fredlangerak（2004）的研究，我们将调研的主要对象确定为企业部门经理及以上人员。考虑到制造型企业的环境污染问题较一般服务型企业更加突出，因此，调研的企业主要确定为制造型企业，其生态创新能对环境治理产生更加明显的影响。考虑到样本的代表性、区域经济发展的差异以及笔者实际调研的可实施性，所调研企业的选择考虑了对不同类型经济地域的覆盖。

样本量下限确定。一定数量的样本数据是保证实证分析结果可靠性的重要保障。借鉴 Tinsley（1987）和 Comrey（1988）在相关研究中的观点，在各类影响因素的分析过程中，样本量与测量变量题项数的比例至少要达到的水平为 5∶1，本问卷在所有测量维度上共涉及 60 个题项，因此本书研究所确定的样本量下限为 300。

调研时间和地域范围。问卷调查开始于 2017 年 3 月 10 日，结束于 2017 年 9 月 23 日，这个时段中不包含问卷测试和问卷预调研，正式的问卷调研历时 6 个月。本书的数据收集得到中国社会科学院、中南财经政法大学等单位的 MBA、EMBA 学员以及湖北省制造企业相关协会（商会）等机构的鼎力相助。调查的地域范围涉及北京、天津、湖北、重庆、陕西等省份。

调查方法与实施。为了得到更加真实的数据并提高调研问卷的回收率，本书调研所采用的方法包括访谈法和问卷法。当面访谈的应用分为两种：一是手持备好的问卷，在当面沟通的过程中，就相应的题项进行了解并进行选择，由于该方法的应用耗时费力，本题调研中采用这类方法收集的问卷量相对比较少，仅占 10%左右；二是经过简单的沟通，在阐述和明示意图和其他事项的基础上，将备

好的问卷留置填写，随后当面会邮寄回收，该方法的应用主要是依托部分 MBA 学员、EMBA 学员以及这些学员的社会关系拓展访谈面，以及一些企业高层的专门性会议，在本书研究中，相关 MBA 和 EMBA 学员回复的问卷量相对较多，比重大约为 20%，专业性会议回收问卷占比接近 10%。问卷法的应用主要是通过邮寄问卷或者网络问卷发放进行调研。为确保问卷数据的可靠性，问卷邮寄的对象选择主要来自两个方面：一是 MBA 和 EMBA 学员的社会关系转介，经由这些学员的社会关系拓展回收的问卷占比 30%；二是根据公开途径获得的信息，经亲戚朋友预沟通和介绍，调研人员相关企业取得联系，进行电话沟通明示意图并进行基本要求说明，取得信任并邮寄问卷，通过该途径获得问卷数据占比大约在 20%。尽管实际中也存在一些专业性网络调研辅助平台，但由于本书调研对象的限制性较强，网络问卷回复数据的真实性难以控制，问卷数据很可能对结果产生较大的影响，故通过专业网络平台进行的定向问卷所回复的数据仅占 10% 左右。

2. 数据处理

数据审核与整理。针对回收的问卷，主要从数据的完整性和是否存在明显的逻辑矛盾方面进行有效性筛查。整个调研总共投放问卷 450 份，回收 362 份，按照荣泰生（2005）等提出的有效问卷筛查标准，剔除数据严重不完整、内容选项存在明显逻辑缺陷和对所有题项选择一致性选项的 46 份无效问卷后，回收有效问卷 316 份，问卷有效回收率达到 70.22%。较高的有效回收率，主要是因为问卷投放前期学员联系、推荐后由调研人员切实沟通得到了被调研人员的信任。笔者得到问卷数据后在进行分析前的数据录入过程中，根据问卷设计，主要完成了两项工作：一是根据问卷设计对研究的变量进行压缩简化表达，以相应的字母表示；二是针对测量题项，根据问卷设计进行压缩简化表达，以相应的字母表示，如表 3－14 所示。控制变量录入代码如表 3－15 所示。

表 3－14　数据录入中变量与题项的代码表示

市场竞争压力 MC	政策规制压力 PR	企业资源冗余 OS	生态创新 EI
MC11	PR11	OS11	EI1
MC12	PR12	OS12	EI2
MC13	PR13	OS13	EI3

续表

市场竞争压力 MC	政策规制压力 PR	企业资源冗余 OS	生态创新 EI
MC14	PR14	OS14	EI4
MC15	PR21	OS21	EI5
MC21	PR22	OS22	EI6
MC22	PR23	高管环保态度 MA	
MC23	PR24	MA1	
MC24	PR31	MA2	
MC25	PR32	MA3	
MC31	PR33	MA4	
MC32			
MC33			

注：表中的题项是经过预测试后剔除不显著题项后的重新编码。

表 3 - 15 控制变量代码表示

变量	代码
企业规模	CS
企业年龄	CG
所属行业	CI
企业性质	CC

（二）数据描述

1. 样本数据描述

样本特征分布。表 3 - 16 中给出了 316 份有效问卷揭示的样本分布特征。从统计结果看，样本有这样几个明显特征：一是 67.8% 的样本企业年龄小于 10 年，这大致反映了中国企业的平均年龄状况；二是 58% 的企业人数在 500 人以内，可以反映出中小企业普遍创新活力较强的特征；三是制造业占比 71.3%，由于从总体上来看，制造业的环境污染问题比较严重，较多的制造业可以提高样本的代表性；四是近半数的样本企业为民营企业，反映了中国近些年非国有经济快速发展的现实。

表 3 - 16　样本特征及分布情况统计

变量	特征	样本量	权重（%）	累计权重（%）
企业年龄 CG	<3 年	64	20. 1	20. 1
	3 ~ 5	98	31. 2	51. 3
	5 ~ 10	52	16. 5	67. 8
	10 ~ 15	59	18. 6	86. 3
	>15	32	10. 2	96. 5
	未填写	11	3. 5	100. 0
企业规模 CS	<100	102	32. 3	32. 3
	100 ~ 500	81	25. 7	58. 0
	500 ~ 1000	29	9. 2	67. 2
	1000 ~ 1500	39	12. 5	79. 7
	1500 ~ 2000	23	7. 4	87. 0
	>2000	34	10. 8	97. 8
	未填写	7	2. 2	100. 0
行业	制造业	225	71. 3	71. 3
	非制造业	70	22. 1	93. 3
	未填写	21	6. 7	100. 0
性质	国有及国有控股企业	90	28. 4	28. 4
	民营企业	149	47. 3	75. 6
	其他	71	22. 4	98. 0
	未填写	6	2. 0	100. 0
填表人身份	CEO、总经理	53	16. 7	16. 7
	企业法人	10	3. 0	19. 7
	研发部负责人	106	33. 4	53. 1
	市场部负责人	99	31. 3	84. 4
	生产部负责人	38	12. 0	96. 4
	其他高层管理人员	11	3. 6	100. 0

未回复偏差检验。由于在问卷调研的过程中，有 88 份问卷未收回，收回的问卷中有 46 份无效，二者的总和达到了问卷投放量的 29. 7%，占比较高，因此需要对这些问卷的影响力进行检测。根据 Spekman（1994）方法，我们将问卷的回收时间划分为前后两段，然后通过比较前后两段所收回的问卷之间是否存在显

著的差异来进行未回复偏差检验。为此，我们在前期和后期收回的样本中提取最早和最晚收回的各50个样本，然后进行T检验，结果如表3－17所示。结果说明，前后收回问卷的企业在年龄和规模结构上不存在显著差异，因此未收回问卷的影响可以忽略。

表3－17 未收回样本偏差检验

		方差 Levene 检验		均值 T 检验				
		F	Sig.	t	df	Sig.	下限	上限
CG	非齐次	—	—	1.102	32.21	0.345	－5.03	14.91
	齐次	0.992	0.358	1.102	38.16	0.323	－5.05	14.96
CS	非齐次	—	—	0.081	26.82	0.996	－7802.11	8021.81
	齐次	0.182	0.782	0.081	38.15	0.993	－7810.36	8133.56

注：表中上下限是差分95%的置信区间。

同方法偏差检验。以问卷形式收集数据经常出现重要问题之一是同方法偏差问题（Podsakoff，2003）。根据Podsakoff（2003）的做法，本书在事前和事后分别采取措施以避免同方法偏差问题，并进行了该偏差的检验。事前的措施主要是，调查前充分沟通，使被调查对象尽可能准确地理解调研意图，并多次斟酌修改题项使其表达尽可能明了且不存在可能出现的歧义；事后运用Harman方法检验了同方法偏差问题的严重程度。我们将影响生态创新的因素和影响企业绩效的因素放在一起，分别做因子分析，在未旋转的情况下，得到的首个主成分就可以反映同方法偏差的程度。分析发现，在未旋转的情况下，得到的11个因子解释了总变异的70.24%，其中首个因子解释了28.11%，占总体变异度的40%，从而不存在单个因子解释占比超过一半的情况，这意味着在本书中同方法误差可以不予考虑。

根据上述检验分析，说明经过筛选后留下来的316家样本企业，无论是答题人的身份，还是企业年龄、规模和性质等方面在总体上都符合本书研究的要求，样本数量也符合经验要求，样本的代表性较好，可以为后续分析奠定良好基础。

2. 测量题项数据描述

测量题项的描述性统计。对测量题项数据进行描述性统计分析，有助于形成对样本数据的总体判断，描述性统计分析的内容包括各个测量题项的最大值、最小值、均值及标准差等，相关统计量根据 SPSS 18.5 加工整理，如表 3－18 所示。

表 3－18　测量题项的描述性统计

代码	最小值	最大值	均值	标准差	代码	最小值	最大值	均值	标准差
MC11	1	5	4.25	0.934	MA1	1	5	4.32	1.011
MC12	1	5	4.21	0.998	MA2	1	5	4.35	0.995
MC13	1	5	4.23	0.967	MA3	1	5	4.41	0.921
MC14	1	5	4.28	1.045	MA4	1	5	3.99	0.967
MC15	1	5	4.25	0.997	EI1	1	5	3.02	0.956
MC21	1	5	4.22	0.982	EI2	1	5	3.01	0.963
MC22	1	5	4.16	1.061	EI3	1	5	3.35	0.988
MC23	1	5	3.98	1.101	EI4	1	5	3.21	1.041
MC24	1	5	4.23	0.998	EI5	1	5	4.22	1.002
MC25	1	5	3.88	0.988	EI6	1	5	4.21	1.023
MC31	1	5	3.96	0.963	OS11	1	5	3.87	0.926
MC32	1	5	3.87	0.879	OS12	1	5	3.25	0.968
MC33	1	5	3.86	0.889	OS13	1	5	3.88	0.992
PR11	1	5	4.26	1.001	OS14	1	5	3.66	0.897
PR12	1	5	3.98	0.867	OS21	1	5	4.05	0.888
PR13	1	5	4.08	0.892	OS22	1	5	4.21	0.889
PR14	1	5	4.22	0.889	PR24	1	5	4.15	1.021
PR21	1	5	4.46	1.114	PR31	1	5	3.95	0.882
PR22	1	5	4.45	0.923	PR32	1	5	4.02	0.889
PR23	1	5	4.62	0.945	PR33	1	5	3.88	0.873

测量变量间的相关性分析。为了保证后续分析的数据关系的合理性，首先对变量间的相关性进行分析。表 3－19 是变量之间 Pearson 相关系数矩阵，数据根据 SPSS 18.0 加工整理。

（三）信度和效度检验

调查所得数据的准确性是实证建模分析的基础，问卷数据的信度和效度检验

表 3-19　相关变量间的 Pearson 相关性

变量	MC	PR	OS	MA	EI
MC	1				
PR	0.478	1			
OS	0.384	0.696	1		
MA	0.457	0.702	0.384	1	
EI	0.473	0.701	0.617	0.668	1

注：表中的数据是在双侧 0.01 水平上显著。

是进行数据结构分析和确保实证研究数据结论有效性的关键。因此，为给后续建模奠定基础，以下首先完成样本所得数据的信度和效度检验。

1. 信度检验

信度检验是指在方法具有同一性的情况下对同一对象多次调研所得到的数据的一致性程度，从而反映量表的准确性。其做法主要是估计测量误差的大小来反映量表实施的误差，常用方法是 Cronbach's α 系数和总相关系数评估法（Corrected Item-total Correlation，CITC），所得到的信度系数越大说明问卷可靠性越高，常用的评价标准是：可以接受的可靠性范围为 $\alpha \in [0.6, 0.8]$，可靠性较高的范围是 α 大于 0.8。原则上来说，CITC 值应该大于 0.5，若小于 0.5，则对应的题项可靠性低应予以删除。本书的信度检验主要是依托 SPSS18.0 应用 CITC 法进行。

市场竞争压力的信度检验。依托 SPSS18.0 和 Cronbach's α 系数和总相关系数评估法对来自市场竞争压力的信度进行检验，结果如表 3-20 所示。

表 3-20　市场竞争的 α 系数和 CITC 值

MC	CITC	剔除题项的 α	Cronbach's α	Cronbach's α
MC11	0.602	0.623	0.842	0.936
MC12	0.667	0.671		
MC13	0.732	0.755		
MC14	0.772	0.791		
MC15	0.765	0.778		

续表

MC	CITC	剔除题项的α	Cronbach's α	Cronbach's α
MC21	0.782	0.801	0.899	0.936
MC22	0.832	0.841		
MC23	0.821	0.832		
MC24	0.807	0.816		
MC25	0.679	0.714		
MC31	0.835	0.852	0.902	
MC32	0.789	0.806		
MC33	0.884	0.892		

通过表 3-20 可以看出，MC 各题项 CITC 值均大于 0.5，且 α 系数除 MC11、MC12 略高于 0.6 外，其他各题项的 α 系数都比较大，且大部分都大于 0.8，MC 各维度的 α 系数都显著大于 0.8，处于比较可靠的区间。这说明 MC 的测量具有较好的信度，量表表现出较好的一致性和稳定性。

政府规制的信度检验。依托 SPSS18.0 和 Cronbach's α 系数和总相关系数评估法对来自政府规制压力的信度进行检验，结果如表 3-21 所示。可以看出，PR

表 3-21　政府规制的 α 系数和 CITC 值

PR	CITC	剔除题项的α	Cronbach's α	Cronbach's α
PR11	0.782	0.899	0.796	0.928
PR12	0.681	0.891		
PR13	0.698	0.932		
PR14	0.803	0.942		
PR21	0.812	0.928	0.921	
PR22	0.835	0.919		
PR23	0.852	0.936		
PR24	0.798	0.945		
PR31	0.791	0.927	0.897	
PR32	0.798	0.927		
PR33	0.778	0.931		

各题项 CITC 值均大于 0.5，且 α 系数都明显大于 0.8，MC 各维度的 α 系数都显著大于 0.6，处于比较可靠的区间。这说明 PR 的测量具有较好的信度，量表表现出较好的一致性和稳定性。

资源冗余的信度检验。依托 SPSS18.0 和 Cronbach's α 系数和总相关系数评估法对来自资源冗余的信度进行检验，结果如表 3-22 所示。可以看出，OS 各题项 CITC 值均大于 0.5，且 α 系数都明显大于 0.8，OS 各维度的 α 系数都显著大于 0.6，处于比较可靠的区间，说明 OS 的测量具有较好的信度，量表表现出较好的一致性和稳定性。

表 3-22　资源冗余的 α 系数和 CITC 值

<table>
<tr><th>OS</th><th>CITC</th><th>剔除题项的 α</th><th>Cronbach's α</th><th>Cronbach's α</th></tr>
<tr><td>OS11</td><td>0.712</td><td>0.834</td><td rowspan="4">0.885</td><td rowspan="6">0.882</td></tr>
<tr><td>OS12</td><td>0.693</td><td>0.825</td></tr>
<tr><td>OS13</td><td>0.745</td><td>0.854</td></tr>
<tr><td>OS14</td><td>0.689</td><td>0.886</td></tr>
<tr><td>OS21</td><td>0.716</td><td>0.856</td><td rowspan="2">0.794</td></tr>
<tr><td>OS22</td><td>0.695</td><td>0.876</td></tr>
</table>

高管态度的信度检验。依托 SPSS18.0 和 Cronbach's α 系数和总相关系数评估法对来自高管态度的信度进行检验，结果如表 3-23 所示。可以看出，MA 各题项 CITC 值均大于 0.5，且 α 系数都明显大于 0.8，MA 各维度的 α 系数都显著大于 0.6，处于比较可靠的区间，说明 MA 的测量具有较好的信度，量表表现出较好的一致性和稳定性。

表 3-23　高管态度的 α 系数和 CITC 值

<table>
<tr><th>MA</th><th>CITC</th><th>剔除题项的 α</th><th>Cronbach's α</th></tr>
<tr><td>MA1</td><td>0.582</td><td>0.815</td><td rowspan="4">0.866</td></tr>
<tr><td>MA2</td><td>0.812</td><td>0.847</td></tr>
<tr><td>MA3</td><td>0.845</td><td>0.851</td></tr>
<tr><td>MA4</td><td>0.786</td><td>0.797</td></tr>
</table>

生态创新的信度检验。依托 SPSS18.0 和 Cronbach's α 系数和总相关系数评估法对生态创新的信度进行检验，结果如表 3-24 所示。可以看出，EI 各题项 CITC 值均大于 0.5，且 α 系数都明显大于 0.8，EI 各维度的 α 系数都显著大于 0.6，处于比较可靠的区间，说明 EI 测量具有较好的信度，量表表现出较好的一致性和稳定性。

表 3-24 生态创新的 α 系数和 CITC 值

EI	CITC	剔除题项的 α	Cronbach's α
EI1	0.812	0.952	0.956
EI2	0.801	0.909	
EI3	0.835	0.895	
EI4	0.783	0.887	
EI5	0.837	0.935	
EI6	0.812	0.947	

2. 效度检验

运用 SPSS18.0 计算各变量的复合信度（Composite Reliability，CR）和均方提取（AVE），针对各个题项和变量的效度检验如表 3-25 所示，各个变量均表现出比较良好的收敛效度。从表 3-25 中可以看到，AVE 的开方值大于该变量与其他变量间的相关系数，反映出测量表较好判别效度。

表 3-25 各变量和题项的效度检验

变量	CR	AVE	√AVE
MC	0.9435	0.5742	0.7578
PR	0.9367	0.6507	0.8106
OS	0.9045	0.6626	0.8141
MA	0.9123	0.7216	0.8495
EI	0.9015	0.8001	0.8945

（四）回归分析与假设验证

1. 主模型（3-1）的回归结果

从表 3-26 可以看出，影响生态创新的前因变量对生态创新的正向影响非常显著。从而假设 1 －1 至假设 1 －4 通过检验。

表 3 －26　主模型回归结果

模型（3 －1）		β	t	sig.
CG	<3	0. 045	0. 885	0. 323
	3 ~ 5	0. 077	1. 396	0. 138
	5 ~ 10	0. 042	0. 884	0. 421
	10 ~ 15	0. 039	0. 867	0. 386
	>15	0. 027	0. 673	0. 117
CS	<100	0. 021	0. 243	0. 812
	100 ~ 500	0. 092	1. 565	0. 635
	500 ~ 1000	0. 048	1. 503	0. 723
	1000 ~ 1500	0. 052	0. 466	0. 552
	1500 ~ 2000	0. 019	0. 616	0. 136
	>2000	0. 033	0. 321	0. 115
CI	制造业	0. 039	1. 658	0. 565
	非制造业	0. 044	−0. 467	0. 638
	其他	−0. 016	−0. 236	0. 017
CC	国有及国有控股企业	0. 017	1. 175	0. 887
	民营企业	0. 006	−0. 082	0. 926
	其他	−0. 018	0. 014	0. 154
MC		0. 348	4. 315	0. 000
PR		0. 597	3. 204	0. 009
OS		0. 184	4. 418	0. 002
MA		0. 223	3. 119	0. 000
R	0. 874			
R^2	0. 615			
Adjusted R	0. 608			
Std.	0. 639			
F	15. 878			
Df1	23			
Df2	247			
Sig. F	0. 000			

2. 资源冗余的中介作用

在前文的理论分析中，提出了资源冗余的中介作用。中介作用的检验主要是根据温忠麟（2004）提出的中介作用的检验方法。根据温忠麟（2004）的观点，可以建立三个变量间的基本关系模型：

$$Y = CX + e_1 \tag{3-2}$$

$$M = aX + e_2 \tag{3-3}$$

$$Y = C'X + bM + e_3 \tag{3-4}$$

模型（3－2）分析了 $X \xrightarrow{c} Y$ 关系，模型（3－3）分析了 $X \xrightarrow{a} M$ 关系，模型（3－4）分析了 $M \xrightarrow{b} Y$ 和 $X \xrightarrow{c'} Y$ 的关系；在 Y 和 X 的系数显著的情况下，可以考虑判断中介变量 M 的存在。一种方法是检验中介变量回归路径上的系数乘积 $a \times b$ 是否显著，即检验 H_0：$ab = 0$，若拒绝零假设，则中介效应显著；另一种方法是检验 C’和 C 的差异是否显著，即检验 H_0：$c' - c = 0$，若拒绝零假设，则中介效应显著。根据这种思想，本章先后对资源冗余的中介效应和高管态度的中介效应进行检验。

根据上述思想，首先建立起市场竞争压力与企业生态创新、政策规制压力与企业生态创新和高管环保态度与企业生态创新的基本模型 1～3，然后分别考虑资源冗余对市场竞争、政策规制和高管态度的影响，得到模型 4～6，最后将资源冗余分别加入三个基本模型中进行回归，得到模型 7～9，进而判断资源冗余的中介效应及其显著性，具体结果如表 3－27 所示。

表 3－27　资源冗余的中介效应分析

变量		EI			OS			EI		
		模型 1	模型 2	模型 3	模型 4	模型 5	模型 6	模型 7	模型 8	模型 9
CG	<3	0.031	0.028	0.032	0.021	0.029	0.012	0.032	0.027	0.013
	3～5	0.045	0.102	0.053	0.042	0.055	0.063	0.043	0.054	0.066
	5～10	0.052	0.098	0.064	0.062	0.055	0.054	0.059	0.067	0.056
	10～15	0.018	0.021	0.013	0.019	0.022	0.023	0.021	0.023	0.019
	>15	0.021	0.011	0.013	0.026	0.009	0.008	0.022	0.019	0.018

续表

变量		EI			OS			EI		
		模型 1	模型 2	模型 3	模型 4	模型 5	模型 6	模型 7	模型 8	模型 9
CS	<100	0.036	0.103	0.874	0.034	0.093	0.074	0.004	0.083	0.075
	100~500	0.023	0.055	0.038	0.025	0.033	0.035	0.021	0.032	0.034
	500~1000	0.046	0.062	0.044	0.042	0.046	0.064	0.043	0.046	0.045
	1000~1500	0.057	0.087	0.049	0.067	0.097	0.046	0.056	0.077	0.056
	1500~2000	0.017	0.109	0.112	0.015	0.091	0.012	0.018	0.092	0.042
	>2000	0.022	0.013	0.031	0.025	0.017	0.032	0.023	0.019	0.031
CI	制造业	0.101	0.216	0.099	0.099	0.107	0.101	0.095	0.077	0.089
	非制造业	0.072	0.101	0.068	0.076	0.072	0.069	0.072	0.066	0.064
	其他	0.011	0.009	0.023	0.013	0.019	0.013	0.016	0.021	0.014
CC	国有及国控股企业	0.054	0.076	0.065	0.044	0.072	0.065	0.054	0.071	0.075
	民营企业	0.046	0.033	0.021	0.044	0.038	0.022	0.054	0.028	0.033
	其他	0.016	0.009	0.086	0.021	0.007	0.011	0.027	0.017	0.009
MC		0.331			0.021			0.402		
PR			0.452			0.012			0.451	
MA				0.286			0.023			0.287
OS								0.130	0.002	0.015
R	0.674									
R^2	0.454									
Adjusted R	0.428									
Std.	0.369									
F	22.578									
Sig. F	0.000									

根据温忠麟（2004）方法，分别比较模型 1、4、7，比较模型 2、5、8，和比较模型 3、6、9，可以发现，对于方法一而言，模型 2、5、8 和模型 3、6、9 中的 a×b 已经非常接近 0，或者对方法二而言，模型 2、5、8 和模型 3、6、9 中的 c 与 c’之差也非常接近零，这说明，在政府规制和企业生态创新之间，在高管态度和企业生态创新之间，资源冗余不具有中介效应，假设 1-6、假设 1-7 和假设 1-9、假设 1-10 未通过检验。资源冗余在市场竞争促进企业生态创新的

关系中通过了中介效应检验，且系数均为正，说明较多的资源冗余在市场竞争和企业生态创新间的中介效应更加显著，因此假设 1－5、假设 1－8 得到验证。

3. 高管态度的调节效应

调节效应的检验，主要是在原回归方程中加上自变量与调节变量的交互项然后进行分层回归，这种基本的处理中，可以考虑建立两个模型：

$$Y = aX + bM + e_1 \qquad (3-5)$$

$$Y = aX + bM + cXM + e_3 \qquad (3-6)$$

在逐层的回归中，得到交互项的系数 c，此时的零假设是交互项的系数 c 显著为 0，如果拒绝，则说明存在调节效应；否则，接受零假设不存在调节效应。

根据这种方法，在判断高管态度的调节效应时，首先分别建立高管态度与市场竞争和生态创新、资源冗余和生态创新、政府规制和生态创新的回归关系，得到基本模型 1 至模型 3，然后在模型中分别加入高管态度与市场竞争、高管态度与资源冗余、高管态度和政府规制的交互项，得到模型 4 至模型 6，然后进行回归，判断交互项的系数的显著性，从而得到高管态度的调节效应存在性的判断，如表 3－28 所示。

表 3－28　高管态度的调节作用

变量		模型 1	模型 2	模型 3	模型 4	模型 5	模型 6
CG	<3	0.003	0.004	0.018	0.021	0.029	0.012
	3~5	0.035	0.021	0.033	0.032	0.036	0.038
	5~10	0.045	0.048	0.061	0.052	0.045	0.034
	10~15	0.017	0.023	0.013	0.018	0.021	0.017
	>15	0.024	0.016	0.012	0.023	0.019	0.018
CS	<100	0.033	0.093	0.804	0.084	0.083	0.094
	100~500	0.028	0.045	0.034	0.029	0.036	0.035
	500~1000	0.036	0.061	0.054	0.045	0.046	0.044
	1000~1500	0.052	0.044	0.059	0.061	0.048	0.056
	1500~2000	0.015	0.099	0.082	0.011	0.009	0.013
	>2000	0.003	0.013	0.021	0.025	0.018	0.012

续表

变量		模型 1	模型 2	模型 3	模型 4	模型 5	模型 6
CI	制造业	0.101	0.116	0.099	0.107	0.102	0.103
	非制造业	0.075	0.102	0.078	0.077	0.069	0.068
	其他	0.013	0.009	0.012	0.014	0.015	0.013
CC	国有及国有控股企业	0.055	0.056	0.062	0.049	0.072	0.055
	民营企业	0.036	0.034	0.031	0.042	0.034	0.042
	其他	0.015	0.009	0.008	0.011	0.017	0.013
MC		0.326			0.265		
PR			0.433			0.365	
OS				0.208			0.208
MA		0.217	0.345	0.174	0.226	0.442	0.191
MC × MA					0.283		
PR × MA						0.356	
OS × MA							0.302
R	0.713						
R^2	0.508						
Adjusted R	0.498						
Std.	0.298						
F	9.898						
Sig. F	0.000						

由于各交互的系数显著不为零，故假设 1 – 11 到假设 1 – 14 都通过显著性检验，且各个模型的可决系数状态良好，说明高管态度确实在其他变量和生态创新之间存在调节效应。

4. 生态创新的影响因素间的关系交互对企业生态创新的影响

从概念上看，这个部分所探讨的交互效应与前述的调节效应存在比较明显的差别，在交互关系的探讨中，两个变量之间的地位不是固定的，二者之间可以存在对称性或者非对称性关系，解释起来也比较灵活，但调节效应的关系分析中，一个变量是另一个变量效应的调节力量，位置关系是确定的，解释不是随意的。

从这个角度出发，可以建立基础模型：$Y = aX + bM + cXM + e_3$，通过多元回归分析交互项系数的显著性。因此，在这里可以引入三个交互项：市场竞争和政府规制的关系交互、市场竞争和资源冗余的关系交互、政府规制和资源冗余的关系交互，进入上述基础模型，得到的回归结果如表 3－29 所示。

表 3－29　影响生态创新的因素间的关系交互的作用

		β	t	sig.
CG	<3	0.015	0.675	0.323
	3～5	0.027	2.452	0.138
	5～10	0.012	0.774	0.421
	10～15	0.049	0.682	0.386
	>15	0.027	0.503	0.117
CS	<100	0.023	0.133	0.812
	100～500	0.082	0.505	0.635
	500～1000	0.044	0.527	0.723
	1000～1500	0.046	0.476	0.552
	1500～2000	0.023	0.354	0.136
	>2000	0.009	0.202	0.115
CI	制造业	0.027	0.558	0.565
	非制造业	0.014	－0.472	0.638
	其他	－0.009	－0.136	0.017
CC	国有及国有控股企业	0.026	0.183	0.887
	民营企业	0.012	0.009	0.926
	其他	－0.007	0.023	0.154
MC		0.148	3.105	0.000
PR		－0.327	－4.112	0.009
OS		0.154	2.698	0.002
MA		0.258	3.119	0.000
MC×PR		0.326	4.106	0.002

续表

		β	t	sig.
MC × OS		0.283	1.194	0.000
PR × OS		−0.076	−0.326	0.000
R	0.774			
R^2	0.599			
Adjusted R	0.518			
Std.	0.447			
F	120.312			
Sig. F	0.000			

从表3－29中可以看到，影响生态创新的因素间的关系交互中，市场竞争和政府规制的关系交互的作用比较显著，假设1－14通过检验；市场竞争和资源冗余的关系交互、政府规制和资源冗余的关系交互对企业生态创新的影响比较弱，未能通过显著性检验，假设1－15和假设1－16未得到支持。市场竞争和资源冗余之间的关系交互对企业生态创新不具有显著正向关系，说明在激烈的市场竞争环境下，即使企业具备相当的可灵活配置的资源及能力，也并不必然导致企业实施生态创新行动，其基本理由在于，由于生态创新具有正外部性以及风险性，如果缺乏有效的制度配合，企业生态创新风险和正外部性收益不能内部化，企业生态创新的投入与收益不能有效匹配，企业就缺乏主动创新的动机，反而可能将资源及调整资源的灵活性向传统的具有比较优势的领域倾斜。政府规制和资源冗余之间的关系交互与企业生态创新之间不具有显著正向关系，说明在政府规制的压力下，即便企业拥有相应资源和配置资源的灵活性，也并不必然导致企业出现积极的生态创新行动。基本的理由在于，如果企业缺乏有效的内部治理，企业利益相关者的利益不能得到有效的落实，高层管理者可能为维护自身利益采取“粉饰”性行动（孟科学，2017），使得生态创新不能得到真正的贯彻，进一步地，若企业生态创新不能带来企业获取重要资源的能力提升，企业绩效提升的关键要素不能满足，企业绩效提升的意图就会落空。这个实证的结论说明，在有效的企业内部治理下，企业高管的环境保护态度以及生态创新所带来的企业资源获取能

力改善是影响企业生态创新的重要因素，缺少这些方面，政府规制和企业资源及其灵活配置能力，并不必然带来生态创新行动的积极实施。

5. 假设验证的汇总

表 3-30 研究假设检验结果汇总

假设	假设内容	检验结果
假设 1-1	市场竞争压力对企业生态创新有显著的正向影响	接受
假设 1-2	政策规制压力对企业生态创新有显著的正向影响	接受
假设 1-3	企业资源冗余对企业生态创新有显著的正向影响	接受
假设 1-4	高管环保态度对企业生态创新有显著的正向影响	接受
假设 1-5	企业资源冗余是市场竞争压力与企业生态创新之间的中介	接受
假设 1-6	企业资源冗余是政策规制压力与企业生态创新之间的中介	拒绝
假设 1-7	企业资源冗余是高管环保态度与企业生态创新之间的中介	拒绝
假设 1-8	企业资源冗余越多，市场竞争压力与企业生态创新之间的正向关系越显著	接受
假设 1-9	企业资源冗余越多，政策规制压力与企业生态创新之间的正向关系越显著	拒绝
假设 1-10	企业资源冗余越多，高管环保态度与企业生态创新之间的正向关系越显著	拒绝
假设 1-11	高管环保态度在市场竞争压力与企业生态创新之间起调节作用	接受
假设 1-12	高管环保态度在政策规制压力与企业生态创新之间起调节作用	接受
假设 1-13	高管环保态度在企业资源冗余与企业生态创新之间起调节作用	接受
假设 1-14	市场竞争和政策规制之间的关系交互与企业生态创新具有正向关系	接受
假设 1-15	市场竞争和资源冗余之间的关系交互与企业生态创新具有正向关系	拒绝
假设 1-16	政府规制和资源冗余之间的关系交互与企业生态创新具有正向关系	拒绝

第四章　生态创新影响企业绩效提升的机理分析

第一节　企业实现高绩效的动力机制

企业绩效生成的分析通常都是在一定假设条件下展开的，基于各种条件的理论分析都有其内在的逻辑，这些内在逻辑与假设前提一起构成了企业绩效生成分析理论演进的重要组成部分。在这个部分中，我们分析生态创新影响下的企业绩效提升路径，是在前述章节关于企业绩效定义探讨的基础上，主要从内生、外生以及内外生观点融合的角度展开，最后构建企业绩效提升的路径框架。

一、企业高绩效形成的基础资源观

（一）企业内部成长与绩效

企业能力理论是在探讨企业通过竞争优势获取相应绩效的过程中发展起来的，在这里，竞争优势涉及企业在相应的产业发展中所处的地位及其所带来的企业应对市场竞争等方面具有的超越对手的优势，从而在相应的业务领域能向客户提供超越竞争对手的价值进而获取超额利润。美国著名学者米勒针对美国600多家企业的研究证实了稳定竞争优势与企业卓越绩效之间的密切关系。Porter

(1998) 沿着产业分析的理论视角提出的主流战略管理理论进一步认为，企业发展中的内部和外部环境是企业卓越绩效的关键决定因素，竞争优势是企业在行业内竞争过程中形成吸引力并取得市场优势地位的函数①。Porter 的“五力”分析模型是其基于美国企业发展竞争历程的总结，在这个模型中，企业在特定细分市场领域的创新带来了成本优势、产品的差异化优势和在优势产出领域的集中化，企业通过这三方面的发挥为市场提供了具有更高附加值的产品进而获取更高的运营绩效，需要强调的是，这三个方面的优势获取和管理战略实施有赖于技术和市场的稳定及企业相应创新战略的实施。

可以说，Porter (1998) 所坚持的产业分析模式是产业组织理论中“结构—行为—绩效”范式的积极延拓。如果从企业绩效提升的角度出发，Porter 的分析范式给我们提供了一个蕴含基于创新而导出市场竞争优势和竞争绩效形成的内在逻辑。但是美中不足的是，一方面，Porter 范式是自外而内的、基于市场结构的绩效形成分析范式，在这个逻辑中，尽管已经蕴含着细分市场领域的创新对绩效的影响，但他在分析中却过分地强调了外部力量对绩效形成的影响，而将企业的能力视为是给定的，或者说，企业创新对企业能力影响的分析没有落到实处，而仅仅探讨了企业既定能力下内部和外部市场力量对比变化所产生的绩效影响。另一方面，该分析范式事实上主要是以产业或者行业的视角来看待市场变化下的企业行为及其绩效，尽管企业是其分析单元，但细分领域中企业创新带来的力量相对变化和企业异质性没有被充分重视，因而企业能力问题的探讨没有得到有效的展开。20 世纪 80 年代后，企业生产组织方式领域的重大变革，使得在特定价值链环节具有核心竞争能力，并对这种能力进行有效整合的企业获得持续竞争优势。从而，探讨企业绩效形成的理论研究视角开始从企业外部向企业内部转变，从而激发了围绕企业能力提升竞争绩效的研究。不同于 Porter 的产业分析范式，企业绩效形成的能力观中，企业逐步被视为某种专有资源及其核心能力的集合，考虑到企业资源禀赋和获取资源能力的异质性，企业能力形成和能力高低受到企业内部因素的明显影响，这正是企业能力理论研究的关键视角。

---

① M. E. Porter. On Competition [J]. Bottom Line, 1998, 13 (1): 36-39.

事实上，亚当·斯密（1776）就已经提出了企业能力理论的思想，而奠定企业绩效形成能力观的经济学基础的是马歇尔（1925）及其追随者 Penrose（1957）和 Richardson（1972）。马歇尔（1925）基于劳动分工和专业化提高产出效率理论，提出了企业内部发展的观点。企业绩效的拓展源自企业之间分工异质性，这种异质性与企业技能和知识密切相关，企业内部不同单元之间拥有的差异化的知识和专业技能促使企业在内部专门化的职能部门之间进行协调和整合，从而有效的技能与知识创新及其整合推动了企业竞争优势的形成与发挥。Penrose（1957）聚焦于企业成长与绩效形成的过程研究，从而为企业能力理论研究奠定了基础。在 Penrose（1957）的视野中，企业是一个特定组织框架下的资源集合体，企业所拥有的资源的不可分割性和独特性使企业由此产生的竞争优势是其他企业难以模仿的，因而企业绩效的形成与拓展源自企业内部资源以及依托资源的创新技能和知识。从这个角度看，Penrose（1957）突破了新古典经济理论的分析框架，将企业内部管理能力、技能和知识的创新视为企业绩效形成的关键动力，为后续研究提供了重要思想源泉。Richardson（1972）在前人的研究基础上明确提出了“企业能力”概念。在这里，企业能力指向企业的知识和技能及其创新。从而，企业能力是企业在发展过程中所获得的生产、管理等的知识和技能，它是企业物质资源和人力能力的综合体。他将企业的活动区分为“替代性活动”和“互补性活动”，前者是企业内部组织和协调知识和各种技能活动，市场是非替代和非互补活动的有效组织方式，从而使企业对知识和技能的创新和协调机制成为居于市场和企业之间的第三种企业组织制度形式，在这个角度上构成了对 Penrose（1957）观点的补充。上述理论不仅构建起了企业绩效的内部成长观，促使我们对企业绩效的研究焦点逐步从企业外部竞争环境转移到对企业内部知识、技能及其创新，以及内部对这些方面的协调整合方面，从而在考察企业绩效时，企业内部创新能力成为重要的影响因素。不仅如此，这些理论也一起奠定了企业能力理论的经济学基础，并逐步推动了企业绩效研究中的基础资源观、核心能力观、动态能力观和知识观的不断发展演进，为我们探讨企业绩效的形成与提升提供了厚实的基础和丰富的思想源泉。

（二）基础资源获取与企业高绩效形成

在基础资源观的视野中，各种不同资源按照不同结构集合在一起形成了企业。在这里，由于企业拥有的资源具有差异，从而其决定的企业竞争力必然存在差异。在相关的研究中，较早的是张伯伦和罗宾逊夫人（1933）基于企业异质性、针对特有资源影响企业发展的重要性的研究，他们认为，企业拥有的特定资源或者建立在特定资源基础之上的能力优势是企业获取竞争优势并谋取超额利润的重要因素。随后，Penrose（1959）发展了张伯伦和罗宾逊夫人（1933）关于企业基础资源的探讨，指出企业是各种资源的集合体，企业通过对拥有的各种资源的整合最终获取竞争优势，进而创造出相应的组织绩效。在此基础上，Wernerfelt（1984）提出“企业资源基础论”，标志着企业资源基础观的形成，根据其观点，企业是资源的集合体，企业拥有的资源决定了企业的竞争优势以及绩效水平。这种局面的形成，一是企业所拥有的特定资源缺乏流动性，难以被其他企业复制，从而使得资源位势成为企业优势资源维持的屏障；二是源自企业内部存在的各种与企业拥有的特定资源相关的不确定性，这种不确定性构成了其他企业进入该企业所在产业领域以谋取利润的阻碍，这两个方面的共同作用使得拥有特定资源企业的竞争优势得以形成。Margalit（1993）进一步提出了能为企业获取竞争优势的相关资源所应具备的特征，首先是构成竞争优势形成的必要条件的资源异质性；其次是资源所产生的安全边际，即资源获取成本应该低于其净现值，从而为未来利润的形成奠定基础；再次是企业竞争优势形成所依赖的异质资源的专属特征，这是其他竞争对手复制或替代该资源及其作用的屏障；最后是企业竞争优势形成所依赖的特定资源的低流动性，保证了企业可以在市场议价过程中维持价格话语权。此后的如哈特等众多学者在探讨企业发展中多涉及了企业资源的命题，并逐步建立和完善了企业资源理论的框架，如图 4-1 所示。

基础资源理论强调企业应在培育和取得能带来竞争优势的特定资源上付出努力，这对企业长期绩效形成和战略发展提供了重要启示。根据 Barney（1991）的观点，影响企业绩效的资源包括企业拥有或者实际可支配的、有助于提升企业运营效率、能带来更高绩效的全部资产、各种能力、各种信息以及各种知识和技能。Grant（1991）在《基于资源的竞争优势理论：战略制定的启示》中，将评估企业拥有的资源水平作为公司战略形成的第一步，他认为，对于追求运营绩效的企业而言，无论是源自市场势力的垄断租，还是源自能构成竞争优势的资源的李嘉图租，都源自企业所拥有或者实际可支配的资源，在其给出的基于企业资源的战略分析框架（见图 4－1）的基础上，Grant 建立起了企业资源能力和运营目标绩效之间的基本关系。这使得后来的学者在探讨基于组织资源的企业绩效生成

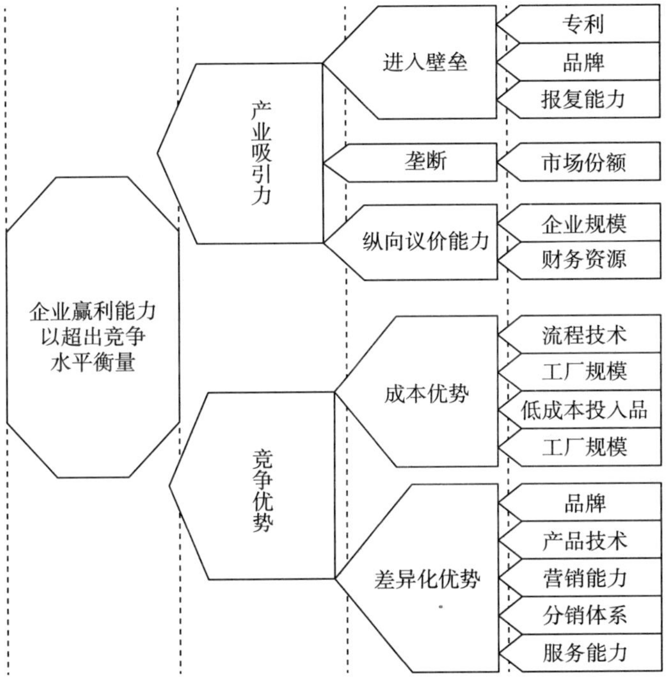

图 4－1 影响企业绩效的资源类型①

时，都强调企业经由组织学习对知识和能力，尤其是专有知识和能力的获取，进一步地，由于企业拥有或支配的知识和技能并非员工所拥有或支配的知识和技能的简单加总，因而，以某种有意识的组织安排来促进个体知识和能力的内部流动，进而向组织知识和能力转化。在这个过程中，考虑到知识只有通过员工行为

① Grant，Robert M. The Resource－Based Theory of Competitive Advantage：Implications for Strategy Formulation［J］. California Management Review，1991，33（3）：114－135.

才能发挥力量，促进员工知识和技能交流、学习和创新的管理也具有了重要意义，更重要的是，借助员工对新知识和新技能的学习和再创新，会提升企业对特定资源的获取能力，使企业建立新的竞争优势，甚至会推动产业价值链调整，同时塑造全新的企业外部网络关系。因而，强调知识和技能的学习和创新，并借此建立起资源和能力优势，以推动企业绩效改善就成为非常重要的组织制度安排。

二、企业高绩效形成的能力观

（一）企业核心能力与企业绩效

企业绩效形成的基础资源观内含着一种缺陷，即尽管我们承认了企业所拥有的各种资源是企业绩效形成的基础，但是考虑到资源类型及其在企业发展某阶段中的重要性，不是每种资源都能形成特定的竞争优势进而实现绩效目标。换句话说，在一定时期内，企业绩效的实现主要是来自一些企业拥有或者可支配的核心性或者关键性资源的应用。这正是企业核心能力观的逻辑基础。

通常，我们将企业的核心能力理解为企业在生产运用过程中所积累起来的特定的知识与技能以及相关资源，这些知识、技能及相应资源是企业专用性的，借此企业构建起竞争对手很难复制和模仿的竞争优势。Prahalad 和 Hamel（1990）指出，企业核心能力源自于组织运营中的学识积累，尤其是关于协调多种生产技能和资源应用的学识积累，基于此形成的核心能力能同时为企业的专业化和多元化生产管理提供支持，也能为客户提供可观察到的、与其他产出者存在明显不同的差异性价值，因其他企业难以复制和模仿，这种能力使企业产品面临市场竞争性替代的威胁性比较低①。随后，Langlois（1992）提出的企业能力论、Floss（1993）的企业核心能力论和 Hamel（1994）的企业能力竞争力等研究极大地丰富了有关企业核心能力的研究。Henderson（1994）将核心能力区分为元件能力和构建能力，前者涉及的是企业嵌入各种知识和技能，尤其是关键知识与技能的能力；后者是企业基于所拥有和支配的知识技能，灵活配置资源以创新元件和创

① C. K. Prahalad, G. Hamel. The Core Competencies of the Corporation [J]. Harvard Business Review, 68 (3): 79-91.

新架构的能力。在这些理论中，企业核心能力形成于企业核心产品的生产经营过程，是企业动用关键资源、基于知识和技术的学习与创新所产生的特定性专长，通过核心能力的积累，企业可以提升产出的市场机会进而获得更高的绩效。在这个过程中，创新是从内部提升企业核心竞争力的关键途径，创新不仅仅是生产技术的创新，也包括既定资源的创新使用，以及管理模式与学习方式等的创新。创新提供给企业组合多种生产技术、协调多种生产方式和整合不同价值观念以提升绩效的机会。

（二）企业动态能力与企业绩效

美国学者 Teece（1997）最先提出了企业动态能力的概念，他认为，企业的动态能力是企业整合、构建和重置企业内部和外部资源以适应企业经营环境变化的能力，因而他关于"动态"的强调，指向企业顺应环境变化而拥有的创新适应能力，涉及企业以各方面的创新提升企业获取资源和提升能力等一些经营中的系统性问题。Michael（1998）认为，动态能力是企业适应环境变化时创设的竞争者难以模仿的资源组合，企业通过适应、整合和重置内部和外部资源来匹配市场变化。在 Teece（1997）提出的动态能力框架中，流程、位置和路径是影响企业动态能力的关键要素。企业持续性竞争优势的获取和维持以及由此产生的高绩效，有赖于企业组织与管理的创新。企业管理者围绕生产技术、生产方式变革等展开的适时协调和整合带来组织与管理的独特性是企业竞争优势维持的根本，也是其他企业难以模仿和复制的。因而，企业动态能力的本质，是企业学习能力、创新性地发现新问题和解决新问题的能力。在这个过程中，对其他先进生产技术、生产方式、资源运用和管理理念的借鉴、模仿、复制以及创新性应用是组织学习的当然含义，在学习与创新应用中，企业得以提升员工个体和组织的知识与技能，并通过组织范围内的整合，创设新的经营活动范式，产生新的生产技术、生产工艺，重构企业资源结构，并内化于企业管理与运营的组织逻辑中，从而发现新的市场机会，催生更高的绩效目标实现。这个过程内含了企业面对环境变化在市场管理、技术和知识等方面进行创新和最佳时间的自我动机，从而重构和转变能力本身就是通过学习和创新而形成的异质性组织能力，从而奠定更高组织绩效实现的基础。

为了塑造出企业更强动态能力，在生产技术、生产方式、资源运用和管理理念等方面对环境变化的适应性调整，强化了我们对这个变化过程中的企业资产状况，尤其是专用性资产重要性的认识。一方面，企业拥有的专有知识、专用技能、组织商誉、组织制度等有形和无形资产构成了企业动态能力提升的约束性条件，这些内生因素领域的创新构成了动态能力持续提升的保障，也是企业实现高绩效的保障；另一方面，企业原有的各项无形和有形资产及其结构的创新变革，意味着企业绩效实现路径的变化和调整。因而，企业在上述各方面的创新也会带来对传统发展所形成的惯例性路径的挑战，在这个过程中，经由生产技术、生产方式、资源运用和管理理念等方面的学习与创新，企业专用性资产水平与结构发生变化，并在与环境变化相适应的过程中不断地评估、反馈和调整，使得企业对基于当前所从事的经营活动而展开的学习进行创新，由此催生的对传统发展路径的突破本身就是创新的结果。从而，企业在适应经营环境变化过程中的主动学习与创新，不仅提升了企业的动态能力，也形成了企业在特定发展路径上的高效率惯例，因而成为塑造更高企业绩效的基本驱动力。

三、企业高绩效形成的知识观

（一）企业间的竞合关系与知识积累

Porter（1985）在分析企业战略形成的过程中指出，催生企业高绩效的竞争优势主要源自产业吸引力和企业在产业中的相对位置两个因素。根据企业竞争导向理论，只有在充分竞争中获得相对优势，企业才能实现产出效率的最大化，合作或者合谋则被认为有损竞争。因为企业间的密切依存关系容易使得企业以非明显的勾结就能实现影响价格的市场势力，寡头垄断则是一种纯粹的非合作勾结的表现形式，结果是形成不利于市场效率和整体社会福利的价格水平。根据Wernerfelt（1984）的观点，企业的竞争优势能带来较高的经营绩效，其依托于企业独有的、难以复制和替代的价值性资源。在资源尤其是关键资源存在约束的现实背景下，企业只有创新资源获取方式和途径，创新资源使用技术、使用工艺和商业模式，才能使得企业在资源和能力上处于竞争优势地位，从而奠定高绩效实现的物质基础。Lado（1997）指出，竞争的存在通过促进关键稀缺资源的优化配置，通过提升技术和管理创新为企业提供发展动力，在降低交易成本的同时提升了企业经济效率，进而带来更高的企业绩效。

对此，研究中也存在不同的声音。一些学者认为，竞争容易使得管理者将企业间的关系视为零和博弈，这促使企业在发展的过程中过分关注去建立一种自我优势保护的知识、技术、组织制度和商业模式等方面的壁垒，这既打击了企业间的有效合作，也阻碍了通过企业间合作与交流实现知识积累和技术进步的可能，在根本上是不利于企业长期高绩效目标实现的。尤其是企业经营存在明显的外部性且产权不能得到有效维护时，竞争更易于催生个体利益主义，从而妨碍了资源的最优配置，尽管有助于企业短期利益目标的实现，却有损于社会福利和企业长期绩效目标的实现。根据 Powell（2001）的研究，如果将企业高绩效视为被解释变量，则作为解释变量的竞争优势就很难具备充分条件性质，从而应该在更广阔的层面上探讨企业卓越绩效实现的经济条件和驱动力。

相应地，Nielsen（1988）则将合作看作是和竞争一样能提升企业经营优势和促进高绩效目标实现的重要途径，Bleeke（2000）进一步指出，驱动企业与其他企业展开竞争以提升运营效率的旧力量，已经不足以确保企业在中长期范围内获得高经营绩效，单纯的致力于竞争观的绩效实现理念必须被抛弃，合作应该成为强化企业竞争优势进而促进高绩效实现的重要途径。在这里，合作通常被定义为企业间以资源的互补性挖掘、生产和管理技能的互动学习和创新来追求共同利益的经济行为。快速的技术进步、易变的竞争环境调整以及发展中的其他压力构成了企业合作的驱动因素，一旦企业开始关注信任、利他和互惠机制，合作及合作优势就会产生，通过合作建立起的持久互利关系正是中长期高绩效得以维持的必要条件之一。

Hamel（1989）最先将企业间的竞合关系定义为企业与其直接竞争者之间的合作，这种观点承袭了企业发展竞争观的思想也吸收合作产生优势的理念，其根本在于倡导以合作形成和强化竞争优势，有关企业水平战略联盟等的研究正是这种思想的重要延伸。由于合作在于强化竞争优势，因此确保企业核心知识、核心技术以及专用性资源配置等作为商业机密不外溢给合作伙伴，就成为企业在合作中十分重要的关注点，这隐含了企业通过合作实现自身创新发展的基本要求。在对企业竞合行为的本质认识不断深化的过程中，企业竞合逐步被视为企业核心资源、知识积累、能力提升的关键源泉之一，组织学习和创新成为企业竞合发展的当然要求。Quintana（2002）就企业沿产业链与上下游企业展开的竞合行为对绩效水平的影响进行了实证研究，发现竞合战略对企业创新能力与创新水平的提升效果，确实要优于单纯竞争关系或者单纯合作关系下的企业创新态势，也更有利于创造出更高的企业绩效。

（二）知识积累与企业高绩效形成

有关企业绩效形成的核心能力和动态能力观在企业资源观的基础上进行了更进一步的阐释，其核心观点是企业对各种资源尤其是专用性资源的创新性获取、整合与重构提升了企业的资源能力。问题在于，驱动企业获取、整合与重构以提升资源能力的力量究竟是什么，对这个问题的探讨，Grant（1996）、Spender（1996）和 Nonaka（1995）等认为驱动企业能力提升的根本在于企业掌握的知识，知识是企业各种资源尤其是专用性资源效能得以发挥的基本力量所在，这是企业竞争优势和高绩效形成的根源。在这一点上，不仅是因为企业知识是竞争对手难以模仿和复制的，更重要的是，建立在企业存量知识基础上的知识结构是企业整合与重构资源的决定性因素。作为一种组织存在的企业通过将内部拥有的知识储存于组织记忆中从而掌握一定的知识及运用知识的能力。Leonard（1995）指出，正是企业拥有的异质性的知识体系塑造了企业的核心竞争力，该知识体系涉及生产经营过程中所需的知识技巧、生产技术、管理技术以及企业的价值观等方面。根据 Polanyi（1958）的观点，企业拥有的这些知识可以被区分为显性知识和隐性知识两类，其中前者通常以书面文字、图片、音像等可识别符号为表现载体，后者则无法通过这类显示性载体进行识别，但正是这些隐性知识构建起了竞争对手难以复制和模仿的竞争优势。企业拥有的知识记忆的显示化表现就是组织运营中的各种惯例，其形式化为生产技术、生产方式、生产规章、生产流程、决策规则和组织政策，其中与企业经营有关的科学技术、管理技能和行为规则是企业知识最为重要的构成部分，在这些方面，企业知识表现出比较明显的不可替、不可加、不可逆、不可分等重要特性，知识应用与积累的特征决定了知识成为企业绩效成长过程中的内生变量，企业知识的积累倍增性和应用价值性，使得以知识积累驱动企业高绩效成为可能。

在企业知识观的视野中，正是企业在经营过程中的知识积累与应用塑造了企业的异质性。从知识拥有单元的角度看，员工是拥有知识和应用知识的具体载体，从而企业成为一个装蓄具备各种知识背景及知识应用能力的员工的机构，通过一定制度下员工间知识的交流与融汇，个人知识逐步转化为组织知识，这种转化的效率及其影响下企业知识积累水平与应用角度的差异，产生了企业获取、整合和重构资源的方式和能力的差别，从而企业绩效也存在差别。企业从整体上获取知识、存储和积累知识、学习和应用知识等的知识管理过程中，创新在提升员工产出效率、提升组织应变环境变化的能力、形成新的商业模式中扮演着难以替代的重要角色。企业融汇和有效利用知识，创新知识使用的过程、模式等而形成的生产技术、产品、研发、管理、营销等创新性结果建构起企业独具一格的生产运营特色，既提升了企业动员专用性资源的能力、强化了企业核心竞争力，也维持和拓展了企业的竞争优势，催生出更高的企业绩效。

四、企业绩效的形成模式

根据前面的分析，总体上看，我们将企业绩效理解为企业在持续性地适应外部环境变化、获取收益以及获得竞争优势的整个过程中的综合性行为表征，其中蕴含着企业对组织目标、社会目标和员工个体发展目标的整合性追求。要想考察企业绩效，需要在动态的过程中对企业经营的整体性情况进行判断，它是企业经济成果和社会成果的综合反映，从社会经济运行过程中的微观单元的角度看，判断企业绩效需要从企业自身、外部因素等多角度入手。其中，既有外部性的因素，比如市场竞争与合作关系、市场运行机制与制度、政策支持等微观市场的结构因素，也有一些内部性的影响因素，比如企业拥有的资源、知识和能力的禀赋与发展水平，尤其是内部的人的因素，比如管理者态度、能力等，由于这些方面，在不同的企业间，多数都是难以模仿、难以简单复制、难以替代的，最终导致了企业绩效水平的差别。这些性质不同的企业绩效的来源，单独的某个方面已经无法满足企业维持和提升竞争力的要求，企业在不同领域不断突破边界进而实现不同力量的融合已经是公认的事实。这些异质因素在市场分布或者说在企业间分布的非均匀性，决定了企业和企业间的不同竞合状态。因此，本书将企业绩效的来源模式概括为图 4－2。

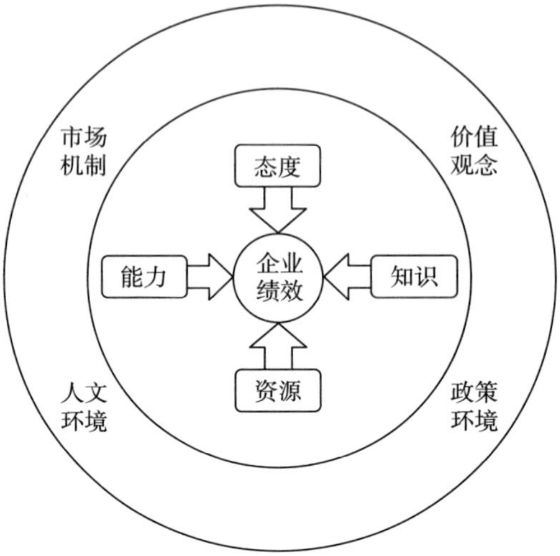

图 4-2　企业绩效的来源

第二节　生态创新与企业资源获取

在上述分析中，我们已经指出，尽管绩效形成的资源观存在缺陷，但企业所拥有的各种资源确实构成了企业绩效形成及提升的基础。只是，一方面，考虑到资源类型及其在某阶段企业发展中的重要性，并非每种资源都可以构成特定的企业竞争优势；另一方面，鉴于实际中企业的异质性，一旦将特定资源和特定的企业相结合考察，我们就会发现企业绩效的基础资源观的另一个缺陷，即对特定阶段的特定企业而言，一定时期内局部资源的拥有规模和企业绩效之间并不存在必然关系，事实上，冗余资源可能构成对企业绩效的损害。从这些角度看，拥有一定资源的企业必须对各类资源进行整合应用，进而形成企业竞争优势的能力是关键的。

一、生态创新影响企业资源获取的机制

我们对生态创新过程与影响的分析已经发现，生态创新所带来的环境改善过程具有明显的正溢出效应（Spillover Effect），这源自企业在进行有利于环境治理

的生态创新时，并不能完全预测创新结果的影响，从而使得一部分对外部的积极影响无法内化至企业的行动过程中。从这个角度看，生态创新的过程具有明显的正的环保溢出效应和知识溢出效应。该双重正外部性提高了企业的组织合法性（Hart，1995；Bansal & Celland，2004），从而为组织获取各种资源奠定基础。组织合法性是一个多维的概念，Scott（1995）和 Suchman（1995）对组织合法性进行了定义，并基于制度理论和基础资源理论指出，合法性是在社会建构的规范、价值、信念和定义的社会体制中，组织行为被认为是合适的或者恰当的一般性感知或者假定。因此，组织合法性不是组织所拥有的在自我发展过程中形成的内部属性特征，而是组织的利益相关者赋予组织的观念或者说判断，从而我们可以认为组织创新是在认知、规范和实用等方面被各个利益相关者理解和接受的普遍性观念。在此基础上，Deephouse（1996）从舆论影响企业发展的角度分析了组织舆论合法性①，Ahlstrom 和 Bruton（2001）对组织文化合法与企业发展的关系进行了分析②，Zimmerman 和 Zeitz（2002）提出了市场合法和联盟合法的概念③，Sheng、Zhou 和 Li（2011）又提出了政治合法、商业合法的观点④，等等。根据 DiMaggio 和 Powell（1983）、Scott（1995）的观点，合法性有规范、管制和认知三类基本要素，这三类不同的要素提供了不同的合法性判断标准，也形成了规范、强制和模仿这三类不同的控制性机制。规范要素的核心是强调行政体系的重要作用，将具有规范性的各种不同的规章引入对社会性行为恰适性的判断和约束，比如企业必需接受公平竞争的市场秩序，接受社会公认的价值标准、行为规则和职业标准等；管制所强调的是正是管制程序的压力，诸如制定规则、实施监管和对行为进行支持或者惩戒的力量；认知要素强调的是社会形成的规则。组织合法性已经成为企业从内部和外部的各类利益相关者手中获得各种资源的前提条

① D. L. Deephouse. Does Isomorphism Legitimate [J] . Academy of Management Journal，1995，39（4）：1024 – 1039.

② D. Ahlstrom，G. D. Bruton. Learning from Successful Local Private Firms in China：Establishing Legitimacy [J] . Academy of Management Executive，2001，15（4）：72 – 83.

③ M. A. Zimmerman，G. J. Zeitz. Beyond Survival：Achieving New Venture Growth by Building Legitimacy [J] . Academy of Management Review，2008，27（3）：414 – 431.

④ S. Sheng，K. Z. Zhou，J. J. Li. The Effects of Business and Political Ties on Firm Performance：Evidence from china [J] . Journal of Marketing，2011，75（1）：1 – 15.

件，是企业竞争优势的来源。

Parsons（1960）的研究支持了企业利益相关者更乐意与其所认可和接受的企业进行资源交换的观点；Stinchcombe（1965）认为，组织合法性不仅使企业可以得到企业发展所必需的各类资源，各类必需资源的获取也使得合法性可能成为解决企业劣势的重要方式①；Zimmerman 和 Zeitz（2002）认为，合法性使得企业能够接受和获得企业发展所必需的各类资源，组织在不同维度上得到认可，隐含着各类利益相关者与企业进行资源和利益交换的内在动机。由于利益相关者有权做出企业行为合法性的判断，也就是说，被认为合法的企业才能被不同的利益相关者接受，利益相关者才能赋予其掌握的、企业发展所必需的各种关键资源。企业生态创新正是通过将企业置于一定的合法性高度，从而为其获得各种发展所需的资源奠定了基础。将中国当前的实际情况和 DiMaggio 以及 Powell（1983）以及 Scott（1995）的观点相结合，我们认为，企业生态创新行为通过提高企业的管制合法、道德合法、实用合法性，从而提高了企业获取资源的能力，如图 4－3 所示。

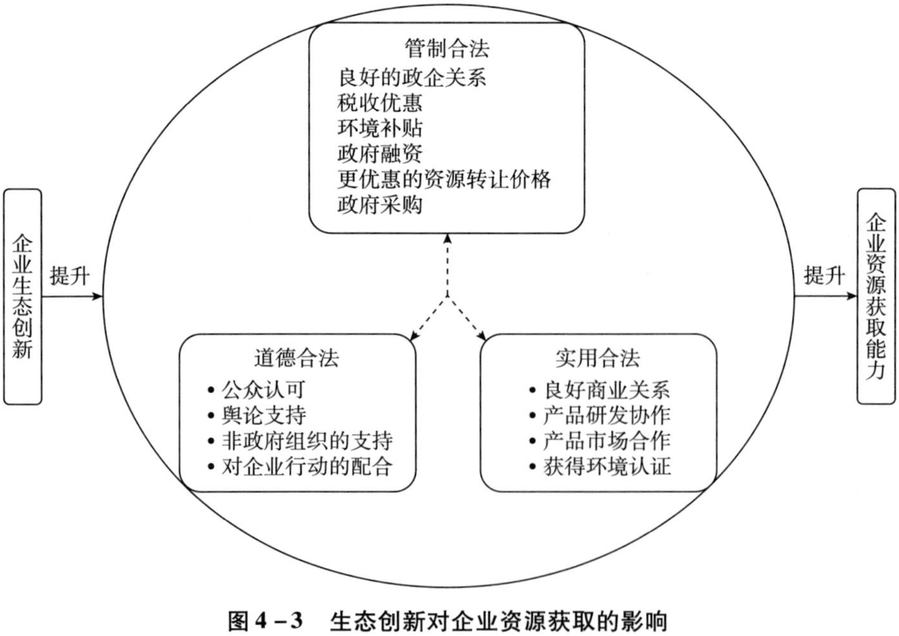

图 4－3　生态创新对企业资源获取的影响

① AL Stinchcombe. Organizations and Social Structure［Z］. Handbook of Organizations，1965.

企业生态创新可以提高企业行为的管制合法性，政府等监管部门对企业行为的认可、接受和支持行动可以使企业更容易地获得政府等监管部门控制的各种资源。中国改革开放以来经济快速发展的过程中，环境的承载力已经达到极限，环境问题的严峻性使中国政府开始推动经济增长模式的转型，一系列严格的环保监管法规和规章陆续出台，政府根据对企业行为的判断进行支持或者惩戒。在这个大环境下，由于生态创新是更具积极意义的企业环境治理行动（Hart，1995），它能有力地提升企业行动所带来的、政府期待的环境绩效，从而提高企业的管制合法性。政府对企业行为的认可和接受，使企业在获得政府制度和关系支持、资源倾斜方面更加容易，比如得到政府的定向减税、环境补贴、定向金融支持、更低的资源转让价格及政府采购等方面的便利性，而且，政府对企业的积极肯定的态度，也使企业更容易得到社会公众的接受，从而便于企业拓展其他社会资源。另外，由于环境问题越来越被公众所认识，公众的环境保护意识不断提高，从而形成对企业行动的更加严格的环保审视。比如，公众对存在明显的或者潜在污染的产品的抵制，对企业生产过程中损害环境的行为的举报和媒体的曝光，非政府组织对企业不当行为的剖析带动的社会舆论压力，等等。企业对社会公众所广泛接受和认可的行为规范的违背，导致企业很难获得发展所需资源，通常表现为产品的社会拒绝、商业上的不合作，等等。企业生态创新既有利于从源头展开预防性环境治理行动，也有利于从末端采取直接的环境治理性行动（孟科学，2018），从而满足各种利益相关者基于自我认知而对企业行动的期待，这种有别于政府强制的、来自道德方面的合法性有助于企业树立一个积极正面的形象，帮助企业提升正面引导社会舆论的能力，为获得各种社会资源等奠定基础。再者，企业进行生态创新，也有利于企业与强调环境问题的利益相关者的期待保持一致，比如企业生产过程、商业模式过程中的环境行动、商品消费带来的环境影响等。企业通过生态创新可以帮助企业得到消费者的认同，或者获得相关的环境认证、树立环保的积极形象，进而赢得消费者和其他商业伙伴的认可，诸如得到绿色订单、绿色研发合作、绿色商品需求等，进而获得各类商业资源。

二、生态创新对企业获取关键资源的影响

Wernerfelt（1984）提出的企业资源基础论中，重要的基本假设在于，一是

企业拥有异质性的有形和无形资源且能将这些异质资源转化为异质能力；二是各类生产资源在企业间不可流动和复制，从而关键资源和建立在资源基础上的能力构筑起了企业持久的竞争优势。可见，企业基础资源理论的实质是将企业视为资源的集合体，拥有特殊资源和获取战略要素应该成为企业重要的发展目标，基于此就可以解释企业的异质性和持续优势的形成。当然，并非企业获得的所有资源都可以成为企业的战略基点和企业可持续竞争优势的基点，这里所强调的关键资源必须满足 VRIN 条件：这些资源是有价值的资源（V，Valuable），依托这些资源企业可以建构愿景和执行战略方案，并能提升效率和行动效能；这些资源也必须满足稀缺性（R，Rare）条件，即这些资源必须是企业独有的，这个条件使得该企业依托该资源展开的生产经营行动是其他企业难以实施的方案，被广泛拥有的资源很难成为企业构建竞争优势的基础；这些资源必须是无法复制（I，Imperfectly Imitable）和难以替代的（N，Non－Substitutable），无法复制或者极难以复制的资源往往具有历史条件的独特性、源起因素的模糊性和资源牵扯的复杂性，一旦某资源易于复制或者模仿，意味着虽然该资源为部分企业独有，但其他企业通过开发替代性资源，可以产出类似的或者可替代性产品和服务，从而这些资源在竞争优势形成中的关键性地位将不复存在。因而，资源层面的因素较之产业层面的因素更容易解释企业间绩效的差异。

根据上文的分析，从企业环境决策的角度来看，Hart 和 Stuart（1995）基于企业发展的资源基础和社会关系的角度建立的生态创新的探讨框架认为，企业往往依据其生态创新要达成的目的和生态创新所需具备的能力方面出发来进行企业环境决策，生态创新所带来的关键性资源包括企业生产、管理等方面的持续性改进，企业各方面关系的整合以及对未来愿景的一致性认识，最终形成企业产出的低成本优势、技术领先优势和市场竞争优势等。这个分析过程，将企业生态创新和企业的竞争优势形成相结合，探讨了企业生态创新战略和企业可持续竞争优势之间的关系，如图 4－4 所示。

Wernerfelt（1984）指出，资源是任何可以被视为能带来企业优势的东西；Barney（1991）进一步强调，企业资源是企业拥有或者支配的、能提高企业制定和实施战略效率或效能的资产、能力、产出流程、信息、技术、知识等，这意味着企业的资源可以被分成物质资源、人力资源和组织资源等；Schoemaker

(1993) 将资源定义为企业拥有或者控制的要素存量，通过与其他企业之间的协同使用和生产过程中的信息、技术等协作，资源最终得以转化为企业商品或者服务。Grant (1998) 区分出企业有形资源、无形资源和人力资源三大类型，如表4－1所示。

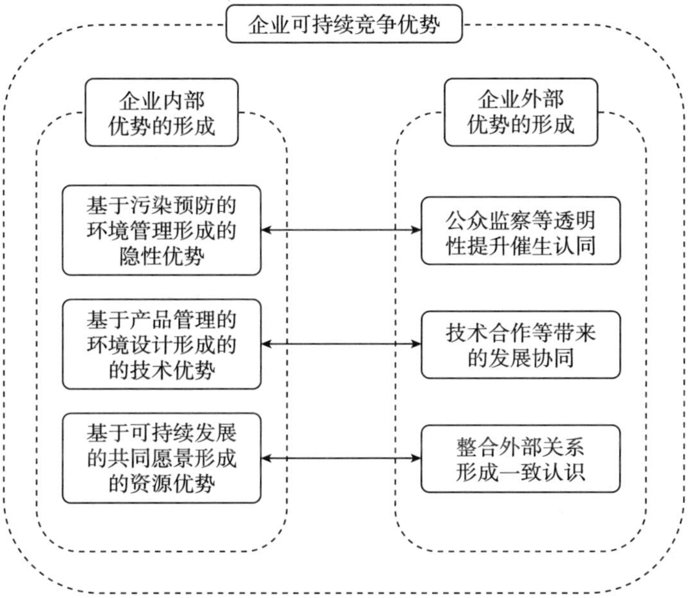

图4－4 企业生态创新战略和可持续竞争优势①

表4－1 企业资源类型②

类型	资源	特征	关键影响
有形资源	财务资源	影响企业融资能力和内部资金调度，灵活应对市场和损益的调整	收益水平 融资成本
	物质资源	设备、土地和厂房等的位置、大小和使用的灵活性；原材料、中间品等获取的便利性；物质资产及使用技术的专用性特征	资产专用性 资产的变现价值 专用资产的可得性

① Hart, Stuart. A Natural－resource Based View of the Firm [J]. Academy of Management Review, 1995, 20 (4): 986－1014.

② 罗伯特·格兰特. 公司战略管理 [M]. 胡挺，张海峰等译. 北京：光明日报出版社，2004（本书略作修改）.

续表

类型	资源	特征	关键影响
无形资源	知识技术资源	以专有技术如专利、知识产权、版权、商业机密等形式存在的技术；各种技术的使用方法；技术创新的设备、人力等资源	专利数量 知识产权收益 研发投入占比
	商誉资源	通过商标、市场信用等建立的良好市场关系；因服务质量、口碑等形成的可靠性评价；在其他如政府、竞合者、社区等方面积累的声誉	品牌溢价 重复购买率 来自外部的合作意愿
人力资源	人力资本	雇员的知识技术水平；雇员的忠诚度；雇员的态度；雇员对公司战略的贯彻程度等	教育培训、职业资质 人员流动等

在上述分析的基础上，本书认为，企业生态创新会从技术、物质资源和关系三个方向影响企业绩效形成的关键资源的获取。在技术维度上，根据 Nelson 和 Winter（1982）的技术域（Technological Regime）的概念，企业技术水平是企业绩效的重要影响因素。技术域是企业知识、企业技术机会、企业技术适用环境和技术积累的结合。从这个角度来看，企业生态创新的技术复杂度和现有技术系统与生产系统的相容性、技术应用前景等是影响企业产出效率的重要因素，从而引导了相关领域的投资意愿和发展方向，成为影响企业绩效的重要因素。再者，企业技术的生态属性强化了企业应对环境挑战和管制的灵活性，组织合法性的改善，借助于知识产权保护机制和利益相关者的良好关系，奠定了企业高绩效的良好基础。由此可以看出，企业生态创新所形成的技术特征和生态作用是影响企业可持续竞争优势形成的关键因素。

在企业生态创新的背景下，企业的生态技术创新不仅通过存量资源的创新使用塑造并延拓了企业的竞争优势，而且也在向社会彰显技术优势、技术适用性、技术成熟度、技术影响等的过程中，借助社会各个方面的认可，卷入了大量与专有技术有关的资源，进而提升了企业资产的专用性，并确立起更加复杂的资产专用性社会关系，以及更加紧密的人与物质资源的链接关系。这一点，正类似于 Barbey（1991）曾指出的，企业竞争优势和高绩效的形成在于其内部的异质资源而非产业环境的差异。从这个角度来看，企业生态创新从两个方面影响企业对关键资源的获取：一是根据企业生态创新的技术水平、技术领域、技术确立的关系等，确认公司的特有资源，以及通过市场机制来获取所需资源，在这里，技术越新颖、透明度越低，企业越容易通过市场机制以较低的成本获得自身发展所认定的关键资源；二是生态创新所带来的工艺流程、管理流程调整对存量资源的整合使用，催生出关键资源。

生态创新所带来的关系调整是影响企业关键资源获取的另一重要方面。考虑到企业的环境决策是企业在应对来自内部和外部各种压力的过程中形成的反应，这种反应会因市场竞争态势、信息结构和协作关系等发生改变。换句话说，企业生态创新行动的实施，不仅仅是对强制性规章的制定者政府的关系协调，也是对其他利益相关者诉求的回应，从而在得到认同的情况下，企业的外部关系局面得到优化。比如，企业所在的行业协会、商会以及设备供应商、产品需求方、投资方、资金供给者、非政府组织等施加的有关环境保护的压力，一旦被企业以生态创新的形式得以回应并取得认可，企业与利益相关者的沟通质量将得到逐步提高，这些将有助于企业建立良好的协作关系、政企关系、劳资关系等，从而便于卷入更多的社会资源，比如与银行的关系使企业更容易得到低利率融资，与客户的关系改善可以提高产品的市场认可和市场份额，与其他相关方的关系改善有利于提升技术合作研发的可能性等，与政府关系的改善使企业更容易得到政府资源倾斜等。

从总体上来看，企业生态创新对企业绩效提升所需的关键资源获取的两个方面三个维度的影响，不是割裂的而是紧密关联的，关键资源的内部获取主要是与企业根据生态创新对存量资源的再整合使用有关，经由生态创新驱动，原来不重要的资源可能重新变得重要，原来不存在的资源经由内部整合被构建出来；关键资源的外部获取主要是企业通过生态创新对外部环境压力进行回应后，因技术、关系、市场前景等方面的变化，使得企业对关键性资源的可得性提高，或者获得关键资源的成本得到明显降低，从而卷入更多社会资源的过程，如图 4－5 所示。

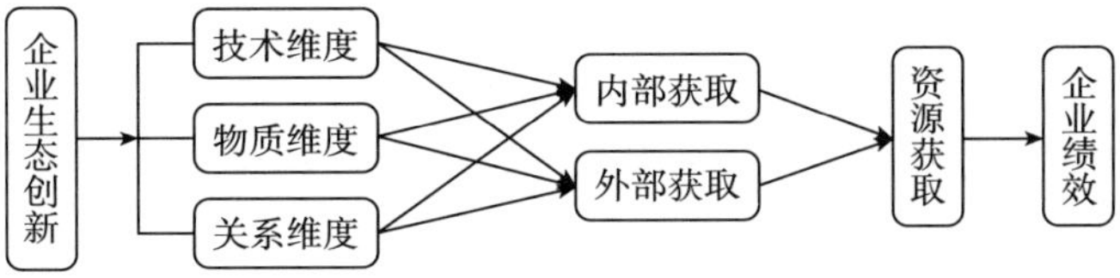

图 4－5 生态创新对企业获取关键资源的影响

第三节　生态创新对企业绩效的影响

上述分析中，我们已经看到企业生态创新通过影响关键资源的获取进而对企业绩效提升产生影响。在这里，我们考察的企业绩效主要是组织层面的绩效，对企业绩效的测量主要是从企业经营的效率和效果两个方面展开。从企业生态创新的角度来看，以生态创新来提升企业绩效意味着企业在生产经营的过程中，企业的投入、产出等各种行动旨在能不断提升资源和能源的使用效率，并不断降低对环境的负面影响，其中蕴含了通过增强对资源、能源的使用优化及促进环境改善来提升企业的市场竞争优势。在这个过程中，企业通过积极的生态创新，提高了资源生产力，满足社会环境产品需求，促进环境改善，提高了企业的产出效率和竞争力。因此，从生态创新的角度，本书对企业绩效考察的着力点主要放在了企业可持续发展的竞争力方面，从而对企业绩效的考察侧重于企业的市场经济绩效和环境绩效两个维度。从而，从生态创新视角考察其与企业绩效改善的基本关系可以通过图4-6呈现出来。

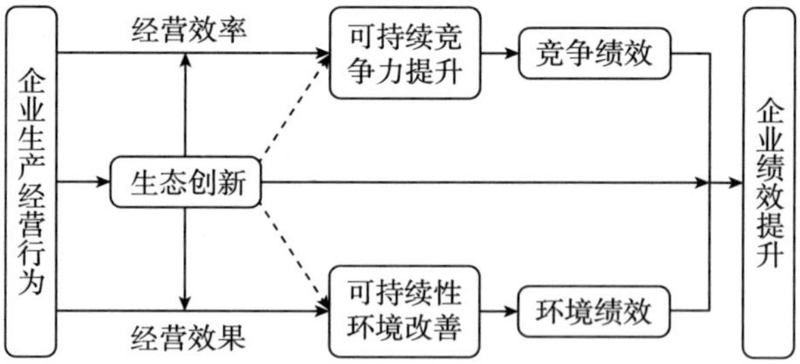

图4-6　生态创新与企业绩效改善

一、生态创新与企业环境绩效

企业生态创新的环境绩效主要是指在当前政府所规定的环境标准以及其他可

测的环境指标上，企业生态创新所带来的在环境标准或者指标方面的表现。一些定量化的指标如单位产出的废水排放、单位产出的能耗等，可以是单个指标，也有可能是系列指标，这些指标可能被单独使用，也可能加工后得到综合指标来使用，通过这些指标，企业的环境表现得以横向和纵向比较。从更加开阔的视野看，生态创新的环境绩效涉及企业在污染防治、资源节约等方面的综合性累积性影响。有些学者将此区分为隐性和显性两大部分，显性的环境绩效主要通过各项指标进行明示，隐性的环境绩效通过企业在生态创新的努力中收获的其他方面的收益来体现，比如环境管理带来的竞争优势等。在这里，我们所探讨的环境绩效主要是指显性环境绩效。隐性的环境绩效在企业生态创新的经济绩效中得以综合反映。

企业生态创新的内容，可能与污染排放治理有关，也可能与产出的工艺、产品和管理系统再造有关。根据孟科学（2018）的观点，我们将企业生态创新区分为污染治理型和污染预防型，前者主要是末端治理，通常是被动地接受环境规制而采取的行动，目标通常是直接的和可以先行表征的环境绩效，比如单位产出的排污量、单位排放中的有毒物质含量等。污染预防型的生态创新包括为减少环境污染而对企业生产的工艺流程的再造，采用更加环保的生产资料，或者在生产过程中更加充分的能源和资源利用，实施清洁生产，使得生产过程更加清洁或者产出环境影响更小的产品，结果主要是显性的环境绩效，指标有资源利用效率、清洁生产专利数量等。预防型生态创新的另一个构成部分是从系统性环境治理的角度，结合企业生态创新的技术水平、技术方向、技术关系等，通过企业制度、文化和社会关系改善来保障环境策略的实现，强调企业对社会责任和全面环境管理要求的落实。生态创新影响企业环境绩效的路径如图4－7所示。

二、生态创新与企业经济绩效

多数学者都接受了这样的观点，即企业在实施生态创新的过程中，不仅通过技术进步、流程再造和管理系统的调整获得了较好的环境绩效，也丰富和拓展了企业与环保有关的专有技术和知识水平，赢得了政府和其他利益相关者的认可，获得资源的成本降低，资源的可得性提高，企业内部和外部关系更加协调，市场

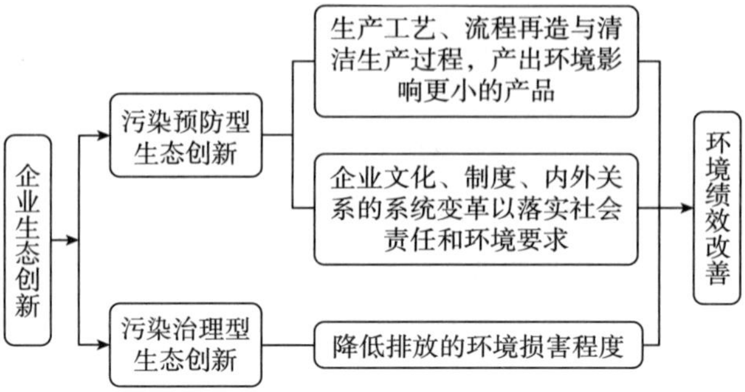

图 4－7　企业生态创新促进环境绩效改善的路径①

口碑良好，产品市场需求得到改善，企业研发协同性增强，政府以定向支持资金进行资源倾斜，更容易得到税收优惠和产业创新补贴等。这些方面通过企业规模的扩张、企业间协作与学习带来知识积累，进而提升企业技术水平，无疑有助于提升企业的经济绩效。比如 Kemp 和 Horbach（2008）认为，生态创新主要是通过降低资源获取成本从而建立企业竞争优势，这个优势既包括低成本优势，也包括因技术创新而带来的市场先发优势。Arundel 和 Kemp（2009）认为，生态创新通过达成环境保护与经济增长的权衡，对经济绩效的影响可能是积极的也可能是消极的。这个方面的问题主要表现在污染治理的过程中，当企业的产出效率没有发生改变，但因环境规制要求，企业又必须投入一定的资源用于排放的环境损害治理，无疑是企业存量资源的额外开支，短期内必然妨碍企业的竞争力。而预防型生态创新则较少存在这个方面的问题。生态创新的直接收益通常有诸如单位产出的损耗降低、能耗降低、废料减少、重复利用等；间接的收益主要是良好的社会形象、与其他利益相关者的良好关系、对自主创新能力的促进等。通常直接收益是比较好测量的，但间接效益往往难以估算。生态创新的经济绩效可以通过分析财务指标进行判断，比如投资收益率等。生态创新对企业经济绩效的影响路径如图 4－8 所示。

① 孟科学，马晓雨，魏霄．商业银行绿色金融实施的管理者效应与政策启示［J］．华东经济管理，2018（3）：43－49.

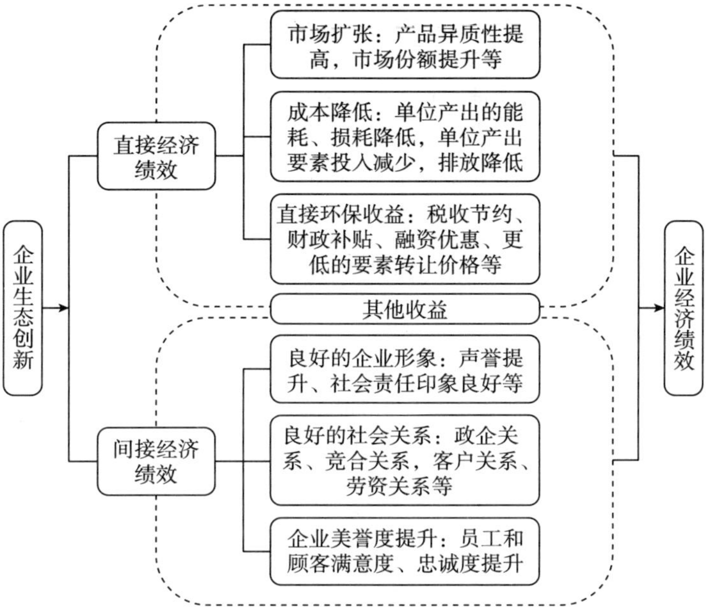

图 4－8　生态创新对企业经济绩效的影响

第四节　生态创新影响企业绩效提升的一般路径

在上述分析中，我们从影响企业生态创新的各种因素出发，提取影响生态创新的关键因素，探讨其对企业生态创新的影响，进而结合企业绩效生成的一般来源，从生态创新的角度，探讨了企业生态创新的规制合法、道德合法和实用合法性对企业生产资源尤其是关键资源获取的影响，企业在整合所获得资源进行生态创新的过程中，通过预防型生态创新和污染治理型生态创新改善企业的环境绩效，通过提升企业的直接经济效益和间接经济效益提高了企业的经济绩效，最终，从经济绩效和环境绩效两个角度，最终促进了企业绩效的改善。这个一般化的影响路径如图 4－9 所示。

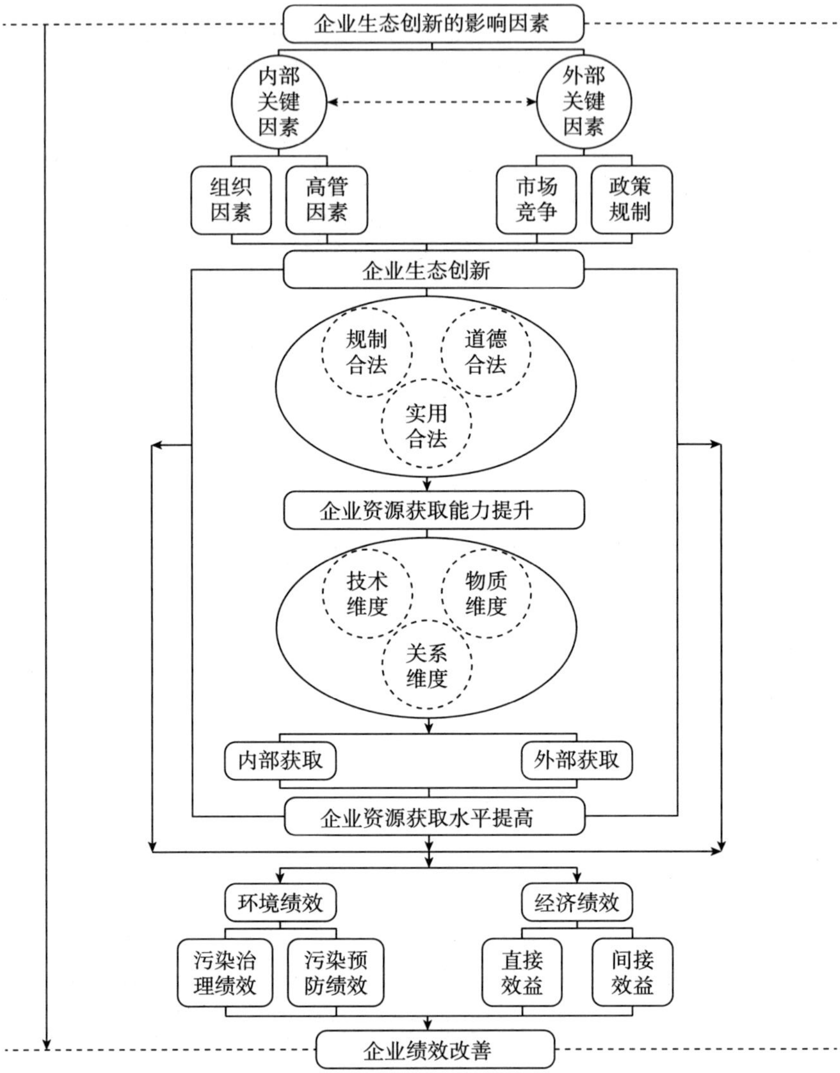

图 4-9　生态创新影响企业绩效提升的一般路径

第五章　生态创新对企业绩效影响效应的实证模型

第一节　实证模型的推导与构建

从企业生态创新的角度来看，以生态创新来提升企业绩效意味着企业在生产经营的过程中，企业的投入、产出等各种行动旨在能不断提升资源和能源的使用效率，并不断降低对环境的负面影响，其中蕴含了通过增强对资源、能源的使用优化及促进环境改善来提升企业的市场竞争优势，同时满足政府对企业行为的环境规制要求。在这个过程中，企业通过积极的生态创新，提高了资源生产力，满足社会环境产品需求，既促进了环境改善，也提高了企业的产出效率和竞争力。因此，整个研究过程可以区分为紧密联系的两个阶段：一是各种影响因素促进企业生态创新的过程机制，即“影响因素—生态创新”的机制；二是生态创新促进企业绩效提升的过程机制，即“生态创新—企业绩效”的机制，以及二者关系的整合机制，即“影响因素—生态创新—企业绩效”的机制。在前面的章节中，我们已经完成了第一阶段的研究，本章将在前文研究的基础上，就第二阶段研究进行展开。

一、实证模型的推导

生态创新促进企业绩效提升的过程机制，即“生态创新—企业绩效”的机制，以及二者关系的整合机制，即“影响因素—生态创新—企业绩效”的机制。尽管近些年来，企业生态创新的问题得到越来越多的理论研究者和实务工作者的关注，企业通过生态创新确实可以减少产出行为对环境带来的负面影响，并满足社会各界对生态产品的需求偏好，这种积极意义是毫无疑义的，但生态创新行为对单个企业而言未必是最优的行为选择（Berrone et al.，2013），这导出了一个重要的问题就是，生态创新是否有助于企业绩效的提升（Hart et al.，1996；King et al.，2001；Horbach，2012），或者说生态创新促进企业绩效提升所需的条件是什么？当这些条件满足时，生态创新如何促进了企业的绩效改善？对此，涉及两个重要的问题：

第一，考虑到企业环境保护行动的外部性影响，如果将企业生态创新行为视为是企业对其社会责任的一种履行机制，那么，这就需要我们从组织合法性的视角来分析企业生态创新的结果及其影响，即确立起“企业生态创新—环境绩效—企业绩效”的逻辑链条。在这个逻辑链条中，第一环节即企业生态创新和企业的环境绩效之间的正向变化关系已经被大量的实证研究所支持，比如 Chiou 等（2011）和 Horbach 等（2013）；第二环节中的环境绩效和企业绩效之间的关系，尽管实证研究的总体结论支持正向关系但依然存在不同的声音（Dixon－Fowler et al.，2013）。

第二，考虑到企业的逐利动机，如果将企业的生态创新仅仅视为一种创新行动，那么，企业从生态创新中所得利益的考察将可以确立起“企业生态创新—经济绩效—企业绩效”的逻辑链条。在这个逻辑链条中，第一环节即生态创新对企业经济绩效的作用，从这个角度考察的大量的文献是借助基础资源理论展开的（Hart，1995），若企业生态创新可以为企业产出博取具有专用性的基础资源，以获取降低成本的技术、资源，或者通过对市场需求的满足来获得创新溢价，或者借助创新管理获取组织发展的能力，从而提升企业的市场竞争力，则在生态创新成本小于经济绩效的情况下，企业绩效的获得就成为现实的可能（Porter，1995；Hart，1995；Horbach，2012）。

尽管这些方面为我们探讨生态创新对企业绩效的影响的分析提供了重要的奠基文献，但关于生态创新以何种路径来提升企业绩效的直接的针对性的研究仍比较少。当然，上述不同的问题也启发我们对企业生态创新影响企业绩效的思考，应该将企业面对的组织合法性以及市场竞争所产生的压力同时考察，进而构建生态创新影响企业绩效提升的系统分析思路。

根据前述理论分析，将控制变量、各关键解释变量等全部纳入回归模型，建立第二阶段主回归模型（5－1），有：

$$FP = \beta_0 + \beta_1 EI + \sum \lambda_i other + \varepsilon_i \quad (5-1)$$

式（5－1）中，*EI* 表示企业生态创新，*FP* 表示企业绩效，*other* 表示其他控制变量。

二、模型的恰适性

建立多元回归分析模型，需要从变量间的相关性、方差齐次性、残差独立性和多重共线性等方面进行检验，来判断多元回归模型建立的适当性。为了保证后续分析的数据关系的合理性，首先对变量间的相关性进行分析。表 5－1 是变量之间的 Pearson 相关系数矩阵，数据根据 SPSS18.0 加工整理。可以看到生态创新、资源获取、经济绩效、环境绩效和高管态度之间的相关性，说明建立多元回归模型是可行的。

表 5－1　相关变量间的 Pearson 相关性

变量	MA	RA	EI	FP1	FP2
MA	1				
RA	0.762	1			
EI	0.668	0.872	1		
FP1	0.671	0.681	0.389	1	
FP2	0.701	0.823	0.682	0.332	1

注：表中的数据是在双侧 0.01 水平上显著。

（一）异方差检验

鉴于异方差的存在会导致回归中的系数估计存在有偏特征，进而导致结论的有偏性。因此，通过方差的齐次性检验或者异方差检验可以揭示各个方差之间在一定的显著性水平上的差异程度。对此，常见的做法是对相关数据进行 Bartlett 球形检验，一般认为，当 KMO 在 0.70 以上，Bartlett 球形检验统计值显著时比较适合展开因子分析。相关检验结果如表 5 -2 所示。从表 5 -2 可以看到，Bartlett 球形检验的卡方值为 1027.712，显著性比较好，KMO 值为 0.831 远大于 0.70，说明比较适合进行因子分析。

表 5 -2　KMO 和 Bartlett 检验

Kaiser - Meyer - Olkin 样本充分性检验	0.831	
Bartlett 球形检验	近似卡方	1027.712
	自由度	45
	显著性	0.000

（二）自相关性检验

样本数据如果存在自相关现象，通常会导致回归结果存在有偏特征，从而使得 t 检验和 F 统计量的准确性下降，因此对样本数据进行自相关性检验是重要的。自相关性检验通常是判断回归方程残差的独立性情况，主要是采用 DW（Durbin - Watson）检验方法计算残差的 d 统计量，在给定的样本容量和显著性水平下，根据 DW 数值表，得到 d 统计量的上下限（dl，du），再比较该区间和计算所得 d 统计量的关系，通常，d 统计量的值在 2 附近时，可以认为自相关不显著。在检验的过程中，将生态创新作为解释变量，得到的 d 统计量为 2.003，d 统计量的值非常接近 2，样本数据通过自相关检验，回归残差的独立性较好。

（三）回归模型的多重共线性检验

多重共线性的存在会使得回归方程系数、拟合优度等的含义变得含混不清，削弱了回归分析对稳定关系的解释。在多重共线性的检验中，一般是采用强制变量介入法，即全部控制变量和解释变量都进入回归模型，分析模型变量容忍度（Tolerance，T）和方差膨胀因子（Variance inflation factor，VIF）的值，通常的判别标准要求 $T<0.1$ 和 $VIF<5$，T 越小、VIF 越大，多重共线性问题就越突出。此处以生态创新为被解释变量计算各变量的 T 值和 VIF 值如表 5 -3 所示，各变

量的T值和VIF值都处于显著的不存在多重共线性区域，建立回归模型是适当的。

表5－3 回归模型的T值和VIF值

变量	特征	FP	
		T	VIF
CG	<3	0.711	1.537
	3<0<5	0.714	1.198
	5<0<10	0.695	1.326
	10<0<15	0.545	1.488
	>15	0.423	2.309
CS	<100	0.335	2.621
	100<0<500	0.542	2.401
	500<0<1000	0.587	1.692
	1000<0<1500	0.601	1.601
	1500<0<2000	0.514	2.321
	>2000	0.429	2.189
CI	制造业	0.877	1.212
	非制造业	0.709	1.511
	其他	0.474	2.273
CC	国有及国有控股企业	0.817	1.212
	民营企业	0.778	1.418
	其他	0.325	2.673
EI		0.702	1.559

第二节 研究假设

一、生态创新影响企业绩效的假设

由于整个社会环境保护意识逐步增强，围绕产出的生态属性展开的市场竞争日趋激烈，考虑到环境保护问题的正外部性效应，政府环境规制的强度也不断加大，这不可避免地会对企业产出行为形成各种限制，使得环境问题被纳入企业战略管理过程的迫切性不断提高。Hart（1995）和 Shrivastava（1995）认为，企业应该从战略管理的角度重新审视企业发展与环境保护的关系，重塑企业的行为模式，以降低企业行为对环境的负面影响。从这个角度看，企业的生态创新已经不再仅仅被局限于企业对道德合法性和规制合法性的追求，而是上升到了企业以生态创新为手段来培育或者重塑市场竞争优势的过程。在这个过程中，由于社会环境伦理演进和政府环境规制加强，企业通过生态创新来降低产出过程对环境的负面影响，从而实现生产的道德合法和规制合法性，借助政府支持、奖励、补贴等的形式提高企业产出所需的各种资源如资金、人才等的获取能力及获得水平，借助供求关系改善、声誉提高、品牌认可、市场地位等形式的社会认可提高企业产出所需的各种资源的获取能力及获得水平。这些资源涵盖了政治、商业和社会关系资源，考虑到这些资源的价值性、专用性和路径依赖的特性，竞争对手难以复制和模仿，从而以此为基础企业可以建立起自身的竞争优势，呈现出高绩效的状态（Barney，1991）。根据基础资源观，企业拥有的关键资源的提升，有助于解决具有不确定性的企业经营管理和生态问题，从而提升企业综合竞争力（Hart，1995；Banerjee，2001；Horbach，2012）。企业围绕生态创新而展开生产和管理的流程再造和资源配置，最终呈现出一个负责任的社会形象和具有竞争力的市场形象。因此，生态创新有利于提升企业经济绩效和环境绩效。Chen 等（2006）针对中国台湾地区电子信息产业的研究、Gluch 等（2009）针对瑞典建筑业的研究和 Carrion 和 Flores（2010）针对美国制造业的研究都发现了生态创新对企业绩效的积极影响。尽管存在一些不同的声音，比如 Walley 和 Whitehead（1994）和 Hart 和 Ahuja（1996）从成本收益角度得出的生态创新会给企业绩效带来负面影响的结论，但这种将生态创新与企业绩效之间关系的考察局限于货币形态的视角很可能是其得出负面观点的关键所在。本书接受 Christmann（2000）的观点，即生态创新确实不是在所有情况下都能对企业绩效产生正向影响，但从众多的实证研究看，如果考虑企业生态创新带来的多样性的资源流入而非单纯的货币利益，这种正向影响在总体上是存在的。

因此，本书提出假设：

假设 2 -1：生态创新与企业经济绩效之间存在显著的正向关系。

假设 2 -2：生态创新与企业环境绩效之间存在显著的正向关系。

假设 2 -3：生态创新与企业资源获取之间具有显著的正向关系。

假设 2 -4：资源获取与企业经济绩效之间具有显著的正向关系。

假设 2 -5：资源获取与企业环境绩效之间具有显著的正向关系。

二、资源获取中介作用的假设

从生态创新对企业绩效的影响途径来讲，生态创新可以通过降低产出成本、提高生态属性、提高管理效率来促成高绩效的实现，可以通过围绕生态创新展开的组织流程再造和资源配置等提高管理效率来促成高绩效，也可以通过积极主动的生态创新带来的市场先发优势获得生态溢价来促成高绩效的经济绩效；也可以通过道德合法和规制合法提高声誉、品牌影响力和社会关系的改善等维持和拓展市场份额来促成高绩效的环境绩效。但无论是哪种高绩效的实现途径，都无法绕过一个重要的基础条件，即与一般的经营投入相比，生态创新通常需要投入更多的具有专用性的生产资源（Berrone et al.，2013），尤其是企业面对不确定的内部和外部环境，拥有一定程度的专用性资源冗余通常是企业生态创新得以顺利实施并促成企业高绩效状态的关键。因此，本书提出假设：

假设 2 -6：资源获取是企业生态创新与企业经济绩效之间的中介。

假设 2 -7：资源获取是企业生态创新与企业环境绩效之间的中介。

假设 2 -8：资源的可获取性越强，生态创新与企业经济绩效之间的正向关系越显著。

假设 2 -9：资源的可获取性越强，生态创新与企业环境绩效之间的正向关系越显著。

三、高管环保态度与资源获取的交互影响假设

Taylor（1984）指出，企业管理者对企业特定问题的态度以及对自身关注点的配置是影响企业决策的重要方面。管理者尤其是高层管理者的价值观、阅历、特定知识、个性偏好和行为信念由高管的态度进行表征（Ocasio，1997），因此，企业对所获取资源的配置与使用与高层管理者的态度密切相关。面对环境规制的

压力，当企业所获取的各种资源条件具备时，或者企业具有获取专用资源的足够能力时，管理者对专用资源的配置与使用不可避免地会影响资源使用的结果。从而，在企业生态创新和企业绩效之间，资源获取不仅很可能具有中介效应，而且，这种中介效应的发挥受到高管态度的影响，表现出有高管态度调节的中介效应。

企业内部和外部有关环保压力的影响通过高管态度而发挥重要作用。从企业内外部来看，一方面，受到企业环保战略的制约和环境考核指标的压力，高管群体可能会意识到，企业生态创新的经济绩效和环境绩效不佳，会直接或者间接地反映出企业管理层在环保问题上的懈怠或者执行不力，这既削弱了企业的道德合法性和规制合法性，也会因环保战略目标的未能有效实现或者绩效考核的未达标而弱化自身的利益基础。另一方面，若管理者不能有效配置企业获取的各种专用资源，就无法在市场竞争过程中不断满足日益变化的市场对环保产品的需求，由此导致的企业产品市场份额的下降和企业收益的下降，会直接有损于管理者口碑，尤其是当和先进同行的差距不断拉大，管理者会感受到巨大的竞争压力。因此，高管无论是自愿还是被迫都会根据企业所获取的各种专用资源，创新工作或者效仿先进同行的管理实践，为获得预期中的薪酬、奖励或者荣誉而采取促进企业绩效的各种措施。

根据 Chang（2011）的观点，企业高管对环保问题的态度越积极，利用各种专用资源的效率越高，越易于利用各种专用资源实施提升企业经济绩效和环境绩效的行动，从而切实贯彻企业环保战略并更有效地配置企业资源（Kocabasoglu & Prahinski et al.，2007）。高管的环保态度越积极，其对有效使用各种专用资源的认识越深刻，积极调整和配置内部资源以追求市场先行利益的意愿越强烈，越能促进企业绩效的改善。基于上述分析，我们提出假设：

假设 3－1：高管环保态度在企业生态创新影响企业经济绩效之间具有调节作用。

假设 3－2：高管环保态度在企业生态创新影响企业环境绩效之间具有调节作用。

假设 3－3：高管环保态度在企业生态创新影响企业资源获取之间具有调节作用。

假设3-4：高管环保态度在企业资源获取影响企业经济绩效之间具有调节作用。

假设3-5：高管环保态度在企业资源获取影响企业环境绩效之间具有调节作用。

假设3-6：高管环保态度在企业生态创新和企业绩效之间的调节效应以资源获取为中介而发挥作用，即高管环保态度发挥有中介的调节效应。

假设3-7：企业资源获取在企业生态创新和企业绩效之间的中介效应受到高管环保态度的影响，即企业资源获取发挥有调节的中介效应。

假设3-8：高管环保态度的有中介的调节作用，和企业资源获取的有调节的中介效应，在企业生态创新影响企业绩效中共同发挥作用。

四、本阶段研究假设的汇总

第二环节是企业生态创新对企业绩效的影响作用的9个假设，分别是生态创新影响企业经济绩效和企业环境绩效的3个假设，资源获取的中介作用的6个假设，高管态度在企业生态创新影响企业绩效中的调节作用、资源获取在企业生态创新影响企业绩效中的中介效应，以及有调节的中介效应和有中介的调节效应的8个假设，以表格形式呈现如表5-4所示。

表5-4 本书研究假设汇总

假设2-1	生态创新与企业经济绩效之间存在显著的正向关系
假设2-2	生态创新与企业环境绩效之间存在显著的正向关系
假设2-3	生态创新与企业资源获取之间具有显著的正向关系
假设2-4	资源获取与企业经济绩效之间具有显著的正向关系
假设2-5	资源获取与企业环境绩效之间具有显著的正向关系
假设2-6	资源获取是企业生态创新与企业经济绩效之间的中介
假设2-7	资源获取是企业生态创新与企业环境绩效之间的中介
假设2-8	资源的可获取性越强，生态创新与企业经济绩效之间的正向关系越显著
假设2-9	资源的可获取性越强，生态创新与企业环境绩效之间的正向关系越显著
假设3-1	高管环保态度在企业生态创新影响企业经济绩效之间具有调节作用
假设3-2	高管环保态度在企业生态创新影响企业环境绩效之间具有调节作用

续表

假设 3-3	高管环保态度在企业生态创新影响企业资源获取之间具有调节作用
假设 3-4	高管环保态度在企业资源获取影响企业经济绩效之间具有调节作用
假设 3-5	高管环保态度在企业资源获取影响企业环境绩效之间具有调节作用
假设 3-6	高管环保态度在企业生态创新和企业绩效之间的调节效应以资源获取为中介而发挥作用，即高管环保态度发挥有中介的调节效应
假设 3-7	企业资源获取在企业生态创新和企业绩效之间的中介效应受到高管环保态度的影响，即企业资源获取发挥有调节的中介效应
假设 3-8	高管环保态度的有中介的调节作用，和企业资源获取的有调节的中介效应，在企业生态创新影响企业绩效中共同发挥作用

第三节　问卷设计与变量测量

一、问卷设计

前已述及，通过实地调研获得数据进行统计研究是目前科学研究中广泛采用的资料采集方法，主要通过调查问卷和实地访谈法等方法，为研究者提供真实、可靠的第一手数据资料。尤其是在战略管理领域进行资料收集时，该方法已经成为企业战略研究的重要且最为普遍的方法（Zahra et al.，1993），甚至无论研究者最初开展研究的具体动机和想法是什么，在社会科学问题的研究中，围绕问卷调查展开的测量程序都是最具代表性的方法。针对本书所研究的生态创新对企业绩效影响的问题，内蕴着很强的企业特质因素，实际中缺乏充分而细致的数据库可用，而且企业的生态创新实施受到其所处行业、经济地域、社会文化等方面的影响，使得企业对生态创新的影响因素的感知以及对生态创新作用于企业绩效的认识并不具有完全的可比性，总量统计数据在刻画企业生态创新的动因以及影响上不易得出客观合理的评估。这些方面构成了本书选择问卷调查作为数据采集方法的基本理由。

对于问卷调查法而言，所采集数据资料的客观、有效、可靠性取决于问题和问卷设计以及预测的严谨性处理。王重明（1990）指出，研究者所研究问题的基本目标及其理论依据决定了问卷题项的安排、问卷的内容与结构和量表设置。总体上来说，所用调查问卷的基本结构包含以下五个方面：问卷引言、答题指导、问题、选项和其他资料（李怀祖，2004）。通常来说，问卷调查法的使用基于以下基本前提：被调查者能认真阅读问卷的内容，能理解问卷中所测量的各项问题，且能予以真实客观的回答。这个前提的满足，要求所涉及的问卷中所测量题项的内容是被调查者所熟知的方面，所测题项的表达要明了易懂，使被调查人能切实地理解，而且，基于满足调查研究的需要，问卷内容的设计应该和调查研究的目标相一致。此外，为便于答题并获得较高质量的数据，问卷的题项通常需要遵循一定的逻辑顺序进行编排。

问卷中的每个测量题项的设计都必须符合数据资料采集的基本目标要求，问卷测量题项的设计，主要是根据桑德斯（2004）提出的问卷设计基本方法来展开，首先是尽可能采用已经在实际研究中使用过的较成熟的问卷题项；其次是对已经使用过的问卷中的部分题项进行修改，以更加切合自己的研究；最后是借鉴已有的问卷重新设计自己的问卷题项。在实际的问卷研究中，为保证问卷质量和所采集数据的可靠性，通常主要是采用第一种和第二种方法，较少采用完全由自己设计问卷题项的方法。本书实际使用的调查问卷主要是根据第一种和第二种方法形成，即对于使用比较多、成熟且与本书研究目的契合的问卷题项，直接拿来使用；对于契合本书研究目的但问题情境有不同、但存在于较成熟问卷中的题项，根据本书研究的情境进行修订形成本书题项。在问卷具体设计中，问卷中的各个题项均来自对相关文献的回顾与整理，并在局部进行了访谈测试，并与理论和实务界的有关专家进行了交流与沟通；对于来自外文文献中的测量题项，为保证其语义的准确和表达的严谨确切，在使用时采用了多人同时翻译和“回译”然后比较修订的方法，确保题项所涉内容、表达和语义与本书调查研究目标的一致性。

本书根据 Churehill（1979）和 Dunn（1994）关于问卷量表开发的意见和建议，整个问卷的设计经过了以下基本过程：首先是针对测量题项的设计，通过查阅大量的国内外相关文献进行分析总结，借鉴吸收与本书研究目标相一致的测量题项，并与理论和实务界有关专业人士沟通与交流，然后形成本书研究的测量题项。其次是针对初步形成的测量题项，与相关专家进行意见征询并进行修改。专家意见的征询主要是采用面谈交流、电子邮件和微信、QQ 等现代化的及时通信工具，来获得专家意见；征求意见的范围涵盖问卷的测量题项内容、表达、语义的准确性和严谨性，以及不同测量题项之间逻辑关系的严谨与可靠性，之后汇总整理意见并据以修改初设的问卷。再次是针对二次修改后的问卷，找部分企业高管进行尝试性的使用，就测量题项之间的关系、量表结构等方面征询意见，以保证量表及其内容能在实际中被切实地理解且符合实际情境，之后根据反馈的意见对问卷进行第三次修改。最后是针对三次修订后的问卷，在小范围内进行调研使用，评估问卷量表所得数据的信度和效度，并分析结果，据此修订问卷形成正式可用的调查问卷。

二、变量测量

（一）变量测量方法

根据前面章节中通过探索性案例研究提取的关键影响因素及其测量变量的探讨，本书所涉及的主要测量变量有测量市场竞争因素的市场竞争压力变量、测量政府规制因素的政策规制压力变量、测量组织资源因素的企业资源冗余变量、测量管理者因素的高管环保态度变量，生态创新变量、企业绩效变量，以及企业年龄、行业、规模和性质等控制变量。通过这些变量，所要研究的是企业内部和外部各关键因素对企业生态创新的驱动及其对企业绩效的影响机制。问卷的形式主要是采用 Likert 5 分量表，通过对被调查者对相关内容的认同度来评估其对相关题项的看法和态度。调查过程中，对每个企业发放一份调查问卷，要求企业高管或者环境问题的分管领导针对企业实施生态创新动机、行为、生态创新的实际情况以及企业绩效等问题如实作答。

据此，问卷包含的主要内容有：一是被调研企业的基本情况，如年龄、行业、规模和性质等信息；二是影响企业生态创新的各个因素，了解市场竞争、政策规制、资源冗余和高管态度等关键因素对企业生态创新决策的影响及预期绩效判断等方面的信息；三是关于企业生态创新的实施情况，了解企业实施生态创新的程度、产出等方面的信息；四是生态创新影响企业绩效的信息，了解生态创新对企业经济绩效和环境绩效影响的可能途径。问卷所测题项形式，对第一部分内容即企业基本信息了解部分，主要是填空题或选择题，对企业生态创新及其影响下的企业绩效相关部分则主要是采用 Likert 5 分量表，其中分值与态度的对应为："1" 表示 "非常不同意"，"2" 表示 "不同意"，"3" 表示 "不太确定" 或 "不太清楚"，"4" 表示 "同意"，"5" 表示 "非常同意"。

实际中，由于问卷调查的形式通常是由特定的个人对问卷内容作出回答，这会导致题项作答的主观性（Fowler，1988）和同源性偏差（Podsakoff & Organ，1986），有必要对这些偏差进行预先的判断和处理。Fowler（1988）和李正卫（2003）就曾指出，特定个体对问卷作答会产生四个方面的偏差：一是作答者不清楚所测试内容的真实答案带来的偏差；二是作答者所回答的问题与真实情况的发生存在时间偏差时由于记忆模糊等产生的偏差；三是作答者知晓真实答案且没有记忆偏差，但由于各种其他原因，比如对商业秘密信息泄露的担忧等导致其不愿意如实作答；四是作答者也想如实准确作答，但因为不能理解题项内容导致回答不符合实际情况带来的偏差。第一类偏差纠正的主要措施是尽可能以企业的负责人作为问卷调研对象；第二类偏差纠正的主要措施是在设计题项时尽可能与企业近期发展的情境接近；第三类偏差纠正的主要措施是在问卷伊始就庄重承诺问卷数据资料的使用仅限于学术研究而不涉及任何商业用途，而且为了打消疑虑，问卷调研隐去作答者的身份信息及其所在企业名号；第四类偏差纠正的主要方法是通过征询理论和实务界专家意见，尽可能使题项和备选内容的表达能切中肯綮又明了易懂，且在问卷后留下调研者的联系方式，以便在作答者有疑问时可以联系调研人。对于同源性偏差的纠正主要是对变量进行 Harman 单因子因果测试，若存在可以解释大部分方差变量的某个或某类因子就可以认定同源性偏差存在，然后对初步形成的问卷进行小范围测试，根据 Churchill（1979）的方法计算各测量题项的 CITC（Corrected Item – Total Correlation）值，然后删去 CITC 值小于 0.5 的测试题项。

（二）变量测量

1. 企业绩效测量

企业绩效反映了企业经营活动的过程和结果，属于企业活动的结果变量。企业绩效研究的文献浩如烟海，不同的学者从不同的角度、运用不同的方法和技术对企业绩效展开定性或定量研究，取得了大量值得借鉴的成果。实际中，企业绩效的测量可以运用主观方法也可以采用客观方法进行，由于企业绩效包含了企业经营活动的过程和结果的考量，因此要获得直接的绩效数据往往不易，导致大量的研究都从主观测量的角度展开，尤其是在管理实践的研究中，主观测量的方法应用更加广泛。

Venkatraman 等（1986）和 Hart（2004）就认为，采用主观指标对企业绩效进行测量依然可以取得较好的信度和效度。Venkatraman 等（1986）从财务绩效和非财务绩效两个维度测量了企业整体竞争力，国内学者李正卫（2003）也从该维度测量了企业绩效；Hoskission 等（1994）、Antoncic（2003）和蒋春燕（2004）都是基于财务指标测量了企业绩效；Spanos 和 Lioukas（2001）、Said（2003）、谢洪明（2006）、何小刚（2006）、胡望斌（2009）、张小军（2012）、彭雪蓉（2014）等则同时采用财务指标和非财务指标来对企业绩效进行测量，所涉财务指标多是销售收入、净资产报酬率、总资产报酬率、销售利润率、销售增长率等，非财务指标多是与客户满意度、市场占有率、创新水平等有关，总体上都属于企业经营活动对其经济绩效的影响。

对企业活动的环境绩效而言，Wood（1991）认为，企业环境绩效是企业在与其社会关系有关的社会责任、社会反响、社会声誉、企业形象等方面的结果呈现，由于对环境绩效涵盖的社会关系及其内容存在的不同观点（金立印，2006），使得环境绩效的测量在实际中存在不同的技术和方法。在以往，企业环境绩效的测量多数运用相关数据库所收集的信息，比如 David（2007）和 Hull 和 Rothenberg（2008）的研究。但这种方法在中国的应用因为存在障碍而变得不可行，主要是由于中国缺少关于企业环境绩效的相关专业数据库，因此，国内一些学者试图通过问卷的形式收集数据材料来测量企业的环境绩效，比如贺远琼（2006）、贾晓辉（2010）和张小军（2012）的研究。贺远琼（2006）基于企业活动所获的荣誉、政府或行业的表彰、社会声誉和企业领导的社会任职等维度开发了测量企业环境绩效的量表；贾晓慧（2010）从员工关系绩效和社会公众关系绩效两个维度开发量表测量企业环境绩效；张小军（2012）则在沈奇泰松（2010）的基础上基于员工责任、产品责任和环境责任等方面开发量表测量了企业环境绩效。考虑到所研究问题的特征及研究目的，本书借鉴蒋春燕（2004）、谢洪明

（2006）、彭雪蓉（2014）、张小军（2012）关于经济绩效测量的量表，以及贺远琼（2006）、贾晓慧（2010）、张小军（2012）关于企业环境绩效测量的量表，进行相应的生态化情境修改，得到本书研究所用量表，如表 5－5 所示。

表 5－5　企业绩效（FP）测量量表

变量维度	测量题项	来源文献
经济绩效 EP1	FP11：本公司的投资回报率比竞争对手更高	蒋春燕（2004） 谢洪明（2006） 张小军（2012） 彭雪蓉（2014）
	FP12：本公司的盈利增长水平比竞争对手更快	
	FP13：本公司的销售增长水平比竞争对手更快	
	FP14：本公司的市场份额增长比竞争对手更快	
环境绩效 EP2	EP21：本公司帮助员工获得更好的创新教育与培训	贺远琼（2006） 贾晓慧（2010） 张小军（2012）
	EP22：本公司有很强的问题产品召回和处理能力	
	EP23：本公司污染物减排和降低能耗、循环利用资源的水平先进	
	EP24：本公司的质量和安全管理水平领先于同行	
	EP25：本公司能积极参与环境治理与保护工作	
	EP26：本公司较好地履行了环境质量管理体系标准	
	EP27：本公司的社会声誉、社会形象提升很快	

2. 企业资源获取测量

企业以生态创新为手段来培育或者重塑市场竞争优势的过程中，由于生产的道德合法性和规制合法性不断提升，通过政府认可和社会认可可以提高企业产出所需信息、技术、资金、人才等资源的获取能力。这些资源具有专用性和路径依赖特性，竞争对手难以复制和模仿，以此为基础企业可以建立起自身的竞争优势，从而呈现出高绩效的状态（Barney，1991；Hart，1995；Banerjee，2001；Horbach，2012）。Brush（2001）将资源获取笼统地定义为利用其他资源或途径得到所需资源的过程，Ge 和 Yu（2009）将资源获取定义为企业获取有用资源的效率及其对企业自身的影响，Zhang 等（2010）认为资源获取强调从外部获取资源的可能性。受此影响，马富萍等（2011）以张芳华（2006）关于企业资源获取能力测量量表为基础，开发出包含信息资源获取、知识资源获取和资金资源获取三个维度11个题项的Likter 5分量表对企业的资源获取能力进行测量，表现出了较好的信度和效度。本书借鉴马富萍等（2011）的测量量表，经生态化情境修改，得到本书研究企业资源获取的量表，如表5-6所示。

表5-6　企业资源获取（RA）测量量表

变量维度	测量题项	来源文献
信息资源获取 RA1	RA11：本公司可以及时获得有关市场信息	张芳华（2006） 马富萍（2011）
	RA12：本公司可以及时获得技术发展信息	
	RA13：本公司可以及时获得政策信息	
	RA14：本公司可以及时获得利益相关者的信息	
知识资源获取 RA2	RA21：本公司可以方便地获得专业技术知识	
	RA22：本公司可以方便地获得创新管理知识	
	RA23：本公司可以方便地获得营运管理知识	
资金资源获取 RA3	RA31：本公司可以方便地从政府部门得到科技经费	
	RA32：本公司可以方便地通过与其他机构的合作研发降低成本	
	RA33：本公司可以方便地从金融机构融通资金	
	RA34：本公司可以方便地获得创新补贴或税收优惠	

控制变量测量。控制变量属于自变量之外影响被解释变量的因素，对这些因素的控制可以排除其对被解释变量的影响，从而清晰地看出解释变量和被解释变量之间的切实关系（陈晓萍，2008）。国内外关于生态创新的众多文献已经得出，影响企业生态创新的因素类型众多，除了本书提出的四个方面的关键因素外，也存在一些非关键因素会对企业生态创新产生影响，控制这些非关键因素可以有效避免对解释变量作用的混淆。根据Murphy（1996）、Aragon - Correa（1998）和Banerjee（2003）等针对探讨企业绩效的文献的整理和研究，发现应用较多的控制变量是企业性质、规模、行业、年龄等。本书借鉴这些文献成果，结合本书所研究的问题，最终形成对相应的控制变量的测量。

企业规模是非常重要的控制变量。不同规模的企业因其拥有的资源、技术和能力等方面的差异，会形成对内部和外部生态产品需求的不同响应。Baylis（1998）研究发现，规模较大的企业比小微企业更可能实施减弱环境负面影响的行动；Worthington等（2005）指出，不同规模的企业因资源约束差异和拥有的环境管理知识与技术丰富程度的差异，面对环境规制往往采取差异化措施；Chen（2008）以中国台湾地区信息产业企业为样本的研究支持了 Bowen（2000）关于企业规模会显著影响其环境绩效的观点；也有学者如 Darnall（2010）认为，规模可能会影响企业环境策略的选择，大规模的企业更容易迎合利益相关者的诉求从而会积极实施前瞻性的生态创新战略，而规模较小的企业因较硬的资源约束，可能更易于采取遵循环境标准的战略。国内的学者如董颖（2012）、张小军（2012）、彭雪蓉（2014）等都将规模因素纳入了控制变量的范畴。从本书研究的视角出发，借鉴已有文献，将企业规模作为控制变量并从企业员工数、年营业收入等维度进行测量。

企业年龄作为控制变量的重要理论依据在于，处于不同生命周期企业的行为特征存在很大的不同，因而不同生命周期阶段的企业因能力和战略等方面的差异，对产出环境变化通常会有异质性响应。王永飞（2007）、张炜（2008）、马富萍（2011）、董颖（2012）、张小军（2012）、彭雪蓉（2014）等国内学者关于企业创新绩效的考察中都发现了企业年龄和企业创新特性之间存在显著关系。在前期文献的基础上，本书选择企业年龄作为又一个能影响企业生态创新的重要控制变量。

企业所属行业作为控制变量的重要理论依据在于，企业的生产运营特征与其所属行业有密切关系，比如重污染的有色金属采选行业的企业运营和电子商务企业的运营特征差异巨大，这一点在 Bowen（2010）的实证研究中得到支持。中国学者杨燕等（2011）、马富萍（2011）、彭雪蓉（2014）的研究都证实行业是影响企业创新自主性的重要因素，并将行业作为重要的控制变量加以应用。本书借鉴已有文献，将行业作为企业生态创新影响因素研究中的重要控制变量。

除此之外，企业性质作为重要的控制变量，在众多文献中也得以应用，Kannebly（2005）、张静（2011）、董颖（2012）、张小军（2012）、彭雪蓉（2014）都证实了企业的性质类型是影响企业创新决策的重要因素，只是在企业性质类型区分的角度上存在不同，比如 Kannebly（2005）从内外资的角度区分企业性质，彭雪蓉（2014）等则是从所有制角度进行了性质区分。借鉴已有文献的成果，本章应用的控制变量和第三章中的控制变量是一致的。

第四节　问卷测试与有效性控制

一、问卷测试

生态创新与企业绩效关系研究的相关变量的测量量表形成后，为保证后续数据资料获取的可靠性，首先进行了定性测试。定性测试由两次构成：第一次是利用学缘关系，邀请2名管理学教授、1名管理学博士后和3名管理学博士对测量量表进行研判，审查调研内容的维度和题项，并对各题项语言表达的准确性、完整性进行审查，确保题项语言无歧义且语义准确清晰，以方便被测试者正确理解调研的和内容。第二次是邀请了5位企业的高层管理人员，分别是制造业3名、流通企业2名，其身份特征分别为总经理1名、副总经理3名、总工程师1名，对问卷题项反映的内容和题项语言表达进行审查，根据其意见修订了题项当中的部分表达，保证了题项内容的清晰明了，精练易懂。

2017年1~3月，利用学缘关系、亲属关系和朋友推荐等，笔者对部分企业的高管人员发放问卷进行调研，共计投放问卷54份，回收的有效问卷42份，问卷有效回收率77.78%。根据所收回问卷所呈现的信息，小样本描述的基本内容包括问卷作答人职位、企业年龄、行业、员工数、企业性质等方面。小样本测试的结果和图3-5到图3-9的结果是一致的。

二、问卷有效性控制

问卷的有效性控制主要通过信度和效度检验来保证问卷所获得数据资料的有效性和可靠性。信度检验是在方法具有同一性的情况下对同一对象多次调研所得到的数据的一致性程度进行检验，从而反映量表的准确性。其做法主要是估计测量误差的大小来反映量表实施的误差，常用方法是Cronbach's α系数和总相关系数评估法（Corrected Item-total Correlation，CITC），所得到的信度系数越大说明问卷可靠性越高，常用的评价标准是：可以接受的可靠性范围为 $\alpha \in$ [0.6,

0.8]，可靠性较高的范围是 α 大于 0.8；原则上，CITC 值应该大于 0.5，若小于 0.5，则对应的题项可靠性低应予以删除。本书的信度检验主要是依托 SPSS15.0 应用 CITC 法进行。

运用 SPSS15.0 对样本结果的 Cronbach's α 系数和 CITC 值进行计算，检验问卷题项的信度结果如表 5 - 7 所示。在各题项中，CITC 小于 0.5 的主要原因是题项所涉及的内容与其他题项存在不同程度的重复，经逐一审查 CITC 值小于 0.5 的各变量并对其进行删除，最后得到纯化后的题项，其中测量企业高管环保态度的题项 4 个，测量企业资源获取的题项 11 个，测量企业生态创新的题项 6 个，测量企业绩效的题项 9 个，共计 4 个变量 33 个题项。

表 5 - 7　问卷题项的信度检验（CITC 值）

高管环保态度		资源获取		企业绩效	
题项	CITC	题项	CITC	题项	CITC
MA1	0.597	RA11	0.509	FP11	0.632
MA2	0.633	RA12	0.577	FP12	0.601
MA3	0.566	RA13	0.587	FP13	0.567
MA4	0.586	RA14	0.604	FP14	0.508
生态创新		RA21	0.558	FP21	0.442
EI1	0.376	RA22	0.613	FP22	0.471
EI2	0.555	RA23	0.634	FP23	0.526
EI3	0.567	RA24	0.527	FP24	0.519
EI4	0.600	RA31	0.511	FP25	0.568
EI5	0.532	RA32	0.573	FP26	0.591
EI6	0.517	RA33	0.582	FP27	0.577
EI7	0.586				

效度检验是考察问卷的测量手段对测量意图揭示的程度，问卷测量得到的结果与考察内容越一致效度越高。根据荣泰生（2005）的观点，效度检验由内容效度、效标关联度和建构效度构成，实际中主要是应用内容效度和建构效度。内容效度反映问卷中测量题项的适用性，由于量表题项来自于相关文献并经过了定性测试和小样本测试，所以量表题项的内容效度比较有保障。建构效度主要是反映

测量技术对预设理论意图的反映程度。建构效度的检验主要是考察收敛效度和判别效度，前者反映对同一构念的多指标测度的关联性，其实践中的常用指标是均方提取（Average Variance Extracted，AVE），AVE 大于 0.5 就认为收敛效度好，收敛效度主要用于对单项题项的效度检验；判别效度反映同一构念的多指标测量的反向关联程度，常用潜变量的 AVE 差值与潜变量间的相关系数的二次方值比较，前者大于后者则判别效度好，判别效度主要是用于对问卷整体的效度检验，如表 5 -8 所示。各个测量变量的 AVE 值均大于 0.5，反映出变量较好的效度。

表 5 -8　问卷测量的效度水平

变量	MA	EI	RA	FP
AVE	0.68211	0.69102	0.51468	0.59122

第五节　主要分析方法

本书通过理论分析得到影响企业生态创新的主要因素，借助探索性案例分析，从众多的因素中提取出 4 个关键因素，即市场因素、政策因素、组织因素和高管因素，并分别以市场竞争压力、政策规制压力、企业资源冗余和高管环保态度来进行测量，借助问卷调查得到相关数据，来分析企业生态创新的决定及其对企业经济绩效和环境绩效的影响。在通过问卷调查得到相关数据以后，采用 SPSS 软件对数据进行加工处理，得到相关数据的描述性统计特征，对不同变量间的关系进行相关性研究，及解释变量和被解释变量之间的多元回归，来验证理论分析所提出的假设，进而构建起生态创新影响企业绩效提升的一般路径。

描述性统计是针对调查问卷所收集数据的基本统计特征分析，以数学语言及其图谱来探讨样本数据的感性特征及各个变量间的关联性，描述性统计分析常见的统计指标有均值、方差、标准差、极值、众数等，可以从总体上了解样本数据的分布特征。相关性分析是探索两个或多个变量之间相关程度的方法，相关系数越大说明变量间的关联度越高。相关性分析为后续以多元回归分析变量间关系奠定了基础。多元回归分析旨在研究解释变量和多个被解释变量之间的相关性特征，不仅可以得到解释变量和多个解释变量之间变化关联的特征，而且也可以得到不同解释变量之间是否存在理论假设中提出各种不同的交互效应，比如不同解释变量之间的相互影响对被解释变量变化所起的作用，某个变量在其他多个变量之间所起的调节或中介作用。

第六章　生态创新影响企业绩效提升的实证分析

第一节　数据收集与处理

一、数据收集

调研对象。由于本书研究的是企业生态创新对企业绩效提升的影响，因此企业是最基本的研究单元，鉴于企业生态创新与企业绩效及其二者的关系，一般员工的感受和了解程度通常不如企业管理者，同时参考 Fredlangerak（2004）的研究，我们将调研的主要对象确定为企业部门经理及以上人员。考虑到制造型企业的环境污染问题较一般服务型企业更加突出，因此，调研的企业主要确定为制造型企业，其生态创新能对环境治理产生更加明显的影响。考虑到样本的代表性、区域经济发展的差异以及笔者实际调研的可实施性，所调研企业的选择考虑了对不同类型经济地域的覆盖。

样本量下限确定。一定数量的样本数据是保证实证分析结果可靠性的重要保障。借鉴 Tinsley（1987）和 Comrey（1988）在相关研究中的观点，在各类影响因素的分析过程中，样本量与测量变量题项数的比例至少要达到的水平为 5∶1，本问卷在所有测量维度上共涉及 60 个题项，因此本书研究所确定的样本量下限为300。

调研时间和地域范围。问卷调查开始于2017年3月10日，结束于2017年9月23日，这个时段中不包含问卷测试和问卷预调研，正式的问卷调研历时6个月。本书的数据收集得到中国社会科学院、中南财经政法大学等单位的MBA、EMBA学员以及湖北省制造企业相关协会（商会）等机构的鼎力相助。调查的地域范围涉及北京、天津、湖北、重庆、陕西等省份。

调查方法与实施。为了得到更加真实的数据并提高调研问卷的回收率，本书调研所采用的方法包括访谈法和问卷法。当面访谈的应用分为两种：一是手持备好的问卷，在当面沟通的过程中，就相应的题项进行了解并进行选择，由于该方法的应用耗时费力，本次调研中采用这类方法收集的问卷量相对比较少，仅占10%左右；二是经过简单的沟通，在阐述和明示意图和其他事项的基础上，将备好的问卷留置填写，随后当面会邮寄回收，该方法的应用主要是依托部分MBA学员、EMBA学员以及这些学员的社会关系拓展访谈面，以及一些企业高层的专门性会议，在本书研究中，相关MBA和EMBA学员回复的问卷量相对较多，比重大约是20%，专业性会议回收问卷占比接近10%。问卷法的应用主要是通过邮寄问卷或者发放网络问卷进行调研。为确保问卷数据的可靠性，问卷邮寄的对象选择主要来自两个方面：一是MBA和EMBA学员的社会关系转介，经由这些学员的社会关系拓展回收的问卷占比30%。二是根据公开途径获得的信息，经亲戚朋友预沟通和介绍，调研人员与相关企业取得联系，进行电话沟通明示意图并进行基本要求说明，取得信任并邮寄问卷，通过该途径获得的问卷数据占比大约在20%；尽管实际中也存在一些专业性网络调研辅助平台，但由于本次调研对象的限制性较强，网络问卷回复数据的真实性难以控制，问卷数据很可能对结果产生较大的影响，故通过专业网络平台进行的定向问卷投放量所回复的数据仅占10%左右。

二、数据处理

数据录入中变量与题项的代码如表6－1所示。

表 6－1　数据录入中变量与题项的代码表示

高管环保态度 MA	资源获取 RA	企业绩效 FP
MA1	RA11	FP11
MA2	RA12	FP12
MA3	RA13	FP13
MA4	RA14	FP14
生态创新 EI	RA21	FP21
EI1	RA22	FP22
EI2	RA23	FP23
EI3	RA24	FP24
EI4	RA31	FP25
EI5	RA32	
EI6	RA33	

注：表中的题项是经过预测试后剔除不显著题项后的重新编码。

控制变量录入代码如表 6－2 所示。

表 6－2　控制变量代码表示

变量	代码
企业规模	CS
企业年龄	CG
所属行业	CI
企业性质	CC

第二节　数据描述

一、测量题项数据描述

根据 SPSS 18.5 加工整理，详见表 6－3。

表 6－3　测量题项的描述性统计

代码	最小值	最大值	均值	标准差	代码	最小值	最大值	均值	标准差
MA1	1	5	4. 32	1. 011	RA11	1	5	3. 35	0. 975
MA2	1	5	4. 35	0. 995	RA12	1	5	3. 73	0. 978
MA3	1	5	4. 41	0. 921	RA13	1	5	3. 19	0. 928
MA4	1	5	3. 99	0. 967	RA14	1	5	3. 21	0. 996
EI1	1	5	3. 02	0. 956	RA21	1	5	3. 11	0. 969
EI2	1	5	3. 01	0. 963	RA22	1	5	3. 62	0. 978
EI3	1	5	3. 35	0. 988	RA23	1	5	3. 71	0. 958
EI4	1	5	3. 21	1. 041	RA24	1	5	3. 48	0. 974
EI5	1	5	4. 22	1. 002	RA31	1	5	3. 76	0. 668
EI6	1	5	4. 21	1. 023	RA32	1	5	3. 82	0. 992
FP21	1	5	4. 23	1. 011	RA33	1	5	3. 73	0. 954
FP22	1	5	4. 34	0. 992	FP11	1	5	3. 35	0. 991
FP23	1	5	3. 56	0. 886	FP12	1	5	3. 76	0. 999
FP24	1	5	4. 22	0. 898	FP13	1	5	3. 62	1. 023
FP25	1	5	4. 48	0. 967	FP14	1	5	3. 58	0. 998

二、测量变量间的相关性分析

为了保证后续分析的数据关系的合理性，首先对变量间的相关性进行分析。表 6－4 是变量之间的 Pearson 相关系数矩阵，数据根据 SPSS 18. 0 加工整理。

表 6－4　相关变量间的 Pearson 相关性

变量	MA	RA	EI	FP1	FP2
MA	1				
RA	0. 762	1			
EI	0. 668	0. 872	1		
FP1	0. 671	0. 681	0. 389	1	
FP2	0. 701	0. 823	0. 682	0. 332	1

注：表中的数据是在双侧 0. 01 水平上显著。

第二节　信度和效度检验

一、信度检验

（一）资源获取的信度检验

依托 SPSS18.0 和 Cronbach's α 系数和总相关系数评估法对来自资源获取的信度进行检验，结果如表 6-5 所示。可以看出，RA 各题项 CITC 值均大于 0.5，且 α 系数都明显大于 0.8，RA 各维度的 α 系数都显著大于 0.6，处于比较可靠的区间，说明 RA 的测量具有较好的信度，量表表现出较好的一致性和稳定性。

表 6-5　资源获取的 α 系数和 CITC 值

<table>
<tr><th>RA</th><th>CITC</th><th>剔除题项的 α</th><th>Cronbach's α</th><th>Cronbach's α</th></tr>
<tr><td>RA11</td><td>0.786</td><td>0.802</td><td rowspan="4">0.878</td><td rowspan="11">0.937</td></tr>
<tr><td>RA12</td><td>0.802</td><td>0.855</td></tr>
<tr><td>RA13</td><td>0.798</td><td>0.812</td></tr>
<tr><td>RA14</td><td>0.788</td><td>0.823</td></tr>
<tr><td>RA21</td><td>0.702</td><td>0.808</td><td rowspan="4">0.923</td></tr>
<tr><td>RA22</td><td>0.735</td><td>0.843</td></tr>
<tr><td>RA23</td><td>0.766</td><td>0.865</td></tr>
<tr><td>RA24</td><td>0.782</td><td>0.898</td></tr>
<tr><td>RA31</td><td>0.789</td><td>0.823</td><td rowspan="3">0.955</td></tr>
<tr><td>RA32</td><td>0.792</td><td>0.834</td></tr>
<tr><td>RA33</td><td>0.768</td><td>0.923</td></tr>
</table>

（二）生态创新的信度检验

依托 SPSS18.0 和 Cronbach's α 系数和总相关系数评估法对生态创新的信度进行检验，结果如表 6-6 所示。可以看出，EI 各题项 CITC 值均大于 0.5，且 α 系数都明显大于 0.8，EI 各维度的 α 系数都显著大于 0.6，处于比较可靠的区间，说明 EI 测量具有较好的信度，量表表现出较好的一致性和稳定性。

表 6-6　生态创新的 α 系数和 CITC 值

EI	CITC	剔除题项的 α	Cronbach's α
EI1	0.812	0.952	0.956
EI2	0.801	0.909	
EI3	0.835	0.895	
EI4	0.783	0.887	
EI5	0.837	0.935	
EI6	0.812	0.947	

（三）企业绩效的信度检验

依托 SPSS18.0 和 Cronbach's α 系数和总相关系数评估法对企业绩效的信度进行检验，结果如表 6-7 所示。可以看出，FP 各题项 CITC 值均大于 0.5，且 α 系数都明显大于 0.8，FP 各维度的 α 系数都显著大于 0.6，处于比较可靠的区间，说明 FP 测量具有较好的信度，量表表现出较好的一致性和稳定性。

表 6-7　企业绩效的 α 系数和 CITC 值

FP	CITC	剔除题项的 α	Cronbach's α	Cronbach's α
FP11	0.774	0.853	0.938	0.936
FP12	0.754	0.876		
FP13	0.882	0.901		
FP14	0.767	0.876		
FP21	0.802	0.902	0.927	
FP22	0.883	0.898		
FP23	0.852	0.935		
FP24	0.826	0.941		
FP25	0.888	0.952		

二、效度检验

运用 SPSS18.0 计算各变量的复合信度（Composite Reliability，CR）和均方提取（AVE），针对各个题项和变量的效度检验如表 6-8 所示，各个变量均表现出比较良好的收敛效度。从表 6－8 中可以看到，AVE 的开方值大于该变量与其他变量间的相关系数，反映出测量表较好判别效度。

表 6－8 各变量和题项的效度检验

变量	CR	AVE	√AVE
RA	0.9288	0.7654	0.8749
EI	0.9015	0.8001	0.8945
FP	0.9452	0.7926	0.8903

第四节 回归分析与假设验证

一、生态创新影响企业绩效以及资源获取的中介作用

在企业生态创新的后果分析中，主要是检验生态创新分别对环境绩效和经济绩效的影响、生态创新对资源获取的影响，资源获取分别对企业经济绩效和环境绩效的积极作用，以及资源获取在生态创新影响环境绩效和经济绩效中的中介作用。如表 6－9 所示，模型 1 和模型 2 分别是生态创新对经济绩效和环境绩效的影响，模型 3 是生态创新对资源获取的影响，模型 4 和模型 5 分别是资源获取对经济绩效和环境绩效的影响，模型 6 和模型 7 分别是生态创新影响企业经济绩效和环境绩效的过程中含中介变量资源获取的回归分析。

表 6－9 生态创新对企业绩效的影响：资源获取的中介效应

变量	特征	模型 1	模型 2	模型 3	模型 4	模型 5	模型 6	模型 7
CG	<3	0.021	0.022	0.006	0.007	0.009	0.066	0.067
	3～5	0.041	0.132	0.087	0.024	0.035	0.065	0.063
	5～10	0.022	0.038	0.052	0.045	0.075	0.047	0.041
	10～15	0.008	0.007	0.019	0.022	0.043	0.013	0.042
	>15	0.031	0.021	0.006	0.019	0.022	0.119	0.007

续表

变量	特征	模型 1	模型 2	模型 3	模型 4	模型 5	模型 6	模型 7
CS	<100	0.016	0.073	0.038	0.067	0.083	0.074	0.033
	100~500	0.024	0.035	0.023	0.024	0.056	0.065	0.053
	500~1000	0.042	0.060	0.055	0.067	0.055	0.036	0.086
	1000~1500	0.017	0.027	0.069	0.076	0.088	0.079	0.067
	1500~2000	0.016	0.039	0.075	0.026	0.089	0.091	0.086
	>2000	0.023	0.016	0.125	0.011	0.012	0.013	0.023
CI	制造业	0.122	0.237	0.119	0.027	0.117	0.057	0.117
	非制造业	-0.202	-0.114	0.096	0.026	0.058	0.046	0.052
	其他	0.024	0.027	0.026	0.001	0.009	0.011	0.018
CC	国有及国控股企业	-0.104	-0.123	0.136	0.181	0.172	0.061	0.012
	民营企业	0.076	0.068	0.005	0.108	0.111	0.023	0.035
	其他	0.017	0.016	0.008	0.007	0.012	0.018	0.013
EI		-0.652	0.409	0.879			0.231	0.523
RA					0.551	0.315	0.372	0.506
R		0.702	0.874	0.777	0.752	0.814	0.684	0.753
R^2		0.493	0.764	0.604	0.566	0.663	0.468	0.567
Adjusted R		0.512	0.721	0.592	0.465	0.599	0.415	0.515
Std.		0.447	0.433	0.385	0.402	0.511	0.392	0.221
F		35.684	85.114	20.276	43.002	18.867	15.232	47.863
Sig. F		0.001	0.000	0.000	0.000	0.001	0.001	0.001

根据表6-9，从模型1、模型2可以看到，企业生态创新对经济绩效有较弱的负向关系，假设2-1未通过检验。这个结论的可能原因在于，由于样本的时间周期较短，这个负向关系揭示了生态创新的长期性，而短期内因投入较高且正外部性不能完全地内部化，导致企业投入与收益之间的关系失衡，也正因如此，缺少战略性眼光或者缺乏战略性实施能力的企业，其生态创新的动力往往不足。在这个方面，比如Arundel和Kemp（2009）认为，生态创新通过达成环境保护与经济增长的权衡，对经济绩效的影响可能是积极的也可能是消极的。这个方面的问题主要表现在污染治理的过程中，当企业的产出效率没有发生改变，但因环境规制要求，企业又必须投入一定的资源用于排放的环境损害治理，这无疑是企

业存量资源的额外开支，短期内必然妨碍企业的竞争力。

生态创新与企业的环境绩效具有较明显的正向关系，假设2－2得到支持。从模型3可以看出，企业生态创新对企业资源获取存在比较明显的正向影响，假设2－3得到支持。模型4、模型5的结果说明，企业资源获取对企业的经济绩效和环境绩效都存在比较明显的促进作用，假设2－4和假设2－5得到验证。模型6、模型7的结果说明，加入资源获取的中介作用后，模型1和模型6中的生态创新的系数明显不为0，模型2和模型7中的生态创新的系数也明显不为0，结合模型1和模型2，可以看出在生态创新影响经济绩效和环境绩效中存在资源获取的中介效应，假设2－6至假设2－9得到验证。

二、有高管环保态度调节和资源获取中介的混合作用

根据温忠麟（2006）的观点，确认企业高管环保态度具有调节作用和资源获取在生态创新和企业绩效之间具有中介作用之后，可以建立模型分析有调节的中介效应。为更加精确地反映生态创新和企业绩效之间的因果关系，可以提出有高管环保态度调节的资源获取的中介效应。这种作用表现为企业生态创新对资源获取这个中介的影响取决于高管环保态度的调节，或者体现为资源获取这个中介变量对企业绩效的影响程度取决于高管环保态度的调节，或者两个作用同时存在。换句话说，有高管环保态度调节的资源获取的中介效应由于高管环保态度的不同而存在差异，这个思路有助于理解资源获取的中介作用发挥作用的权变特征，更深入地揭示生态创新影响企业绩效的整个机制过程。

在本书的研究中，高管环保态度的调节作用可以分为以下两个阶段进行：一是高管环保态度对生态创新影响企业绩效的企业资源获取这个中介的调节作用，二是企业资源获取这个中介对生态创新对企业绩效影响中高管环保态度的调节作用（见图6－1）。这两个阶段表现为直接效应和间接效应两个部分，直接效应是指高管环保态度对生态创新和企业绩效的调节作用，间接效应是第一阶段和第二阶段所产生的调节效应的交互。

结合中介效应的检验和调节效应的检验可以检验有调节的中介效应是否显著。根据温忠麟（2006）的观点，有调节的中介效应的显著性，要求先检验资源获取的中介效应，这一点在表6－10中已经完成。随后，分别建立企业生态创新、

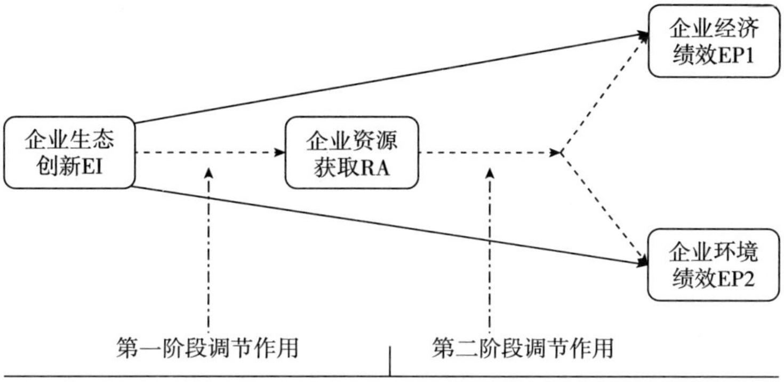

图6-1　有高管环保态度调节和资源获取中介的混合作用模型

高管环保态度、企业生态创新和高管环保态度交互对企业经济绩效和企业环保绩效的回归关系，形成模型1、模型2；建立企业生态创新、高管环保态度、企业生态创新和高管环保态度交互对企业资源获取的回归关系，形成模型3；企业生态创新、高管环保态度、企业生态创新和高管环保态度交互、企业资源获取和企业经济绩效和环保绩效的回归关系，形成模型4和模型5；建立企业生态创新、高管环保态度、企业资源获取、资源获取和高管环保态度交互与企业经济绩效和企业环保绩效的回归关系，形成模型6和模型7。具体结果见表6-10。

表6-10　有高管态度调节与资源获取的中介的混合作用

变量	特征	模型1	模型2	模型3	模型4	模型5	模型6	模型7
CG	<3	0.011	0.132	0.016	0.004	0.009	0.005	0.010
	3~5	0.043	0.332	0.097	0.023	0.046	0.023	0.036
	5~10	0.025	0.028	0.102	0.008	0.013	0.039	0.085
	10~15	0.002	0.011	0.021	0.001	0.013	0.022	0.033
	>15	0.021	0.031	0.012	0.018	0.042	0.021	0.024
CS	<100	0.015	0.083	0.038	0.005	0.072	0.107	0.094
	100~500	0.026	0.025	0.025	0.016	0.021	0.023	0.065
	500~1000	0.038	0.051	0.035	0.033	0.041	0.066	0.054
	1000~1500	0.011	0.022	0.062	0.009	0.014	0.067	0.098
	1500~2000	0.010	0.029	0.068	0.008	0.018	0.014	0.089
	>2000	0.021	0.012	0.095	0.003	0.011	0.012	0.013

续表

变量	特征	模型 1	模型 2	模型 3	模型 4	模型 5	模型 6	模型 7
CI	制造业	0.123	0.332	0.109	0.019	0.204	0.025	0.119
	非制造业	-0.192	-0.104	0.085	0.092	-0.111	0.027	0.061
	其他	0.025	0.021	0.025	0.002	0.012	0.001	0.001
CC	国有及国控股企业	-0.224	-0.323	0.346	-0.231	-0.206	0.192	0.184
	民营企业	0.086	0.028	0.107	0.006	0.015	0.118	0.109
	其他	0.011	0.013	0.018	0.003	0.005	0.002	0.011
EI		-0.252	0.549	0.778	-0.125	0.226	-0.187	0.665
MA		-0.184	0.423	0.826	0.018	0.165	-0.232	0.456
EI × MA		-0.322	0.343	0.522	-0.019	0.273		
RA					0.341	0.082	0.602	0.308
RA × MA							-0.103	0.285
R		0.662	0.774	0.732	0.672	0.713	0.728	0.784
R^2		0.438	0.599	0.536	0.452	0.508	0.530	0.615
Adjusted R		0.508	0.651	0.603	0.553	0.591	0.592	0.654
F		38.654	102.112	27.206	38.219	82.121	51.012	61.687
Sig. F		0.000	0.001	0.002	0.000	0.001	0.000	0.001

根据表 6－11 中的模型 1、模型 2，企业生态创新对企业经济绩效和环境绩效的总效应分别为－0.252 和 0.549，企业生态创新与高管态度的交互对企业经济绩效和环境绩效的影响为－0.322 和 0.343，都在 5% 水平上显著，说明企业生态创新和企业绩效之间存在高管环保态度的调节作用，假设 3－1、假设 3－2 通过检验。根据模型 3，企业生态创新和资源获取之间的系数为 0.778 且在 5% 水平上显著，说明资源获取的中介效应显著，同时企业生态和高管环保态度的交互项系数为 0.522 且显著，说明高管环保态度对企业资源获取的正向作用显著，模型 3－3 通过检验。模型 4、模型 5 中，高管环保态度与企业生态创新的交互项系数分别为－0.019 和 0.273，资源获取的系数为 0.341 和 0.082，均在 5% 的水平上显著，说明存在中介的调节作用，假设 3－4、假设 3－5 和假设 3－6 通过检验。结合表 6－10 的结论，在表 6－11 中的模型 6、模型 7 中，高管环保态度与资源获取的交互项系数－0.103 和 0.285 在 5% 水平上显著，说明存在有调节的中介效应，假设 3－7 通过检验，综合上述分析可以发现假设 3－8 也通过检验。

在上述分析中发现，其一，高管态度的直接调节效应表现为其对企业生态创新影响企业经济绩效和环境绩效的调节作用比较显著，且是有中介的调节变量，高管环保态度也通过资源获取这个中介发挥影响力。其二，高管态度的间接调节效应表现为高管环保态度通过作用于资源获取影响企业绩效而发挥作用，生态创新到企业资源获取，企业资源获取到企业绩效提升的中介过程受到高管环保态度的影响，表现为有调节的中介效应。直接效应和中介效应以及间接效应关系程度如表6－11所示。

表6－11 有高管环保态度调节和资源获取中介的效应关系

变量 \ 效应		RA	EI	MA	MA×EI	MA×RA
直接效应	针对EP1	0.551	-0.652	0.121	0.322	-0.103
	针对EP2	0.335	0.409	0.320	0.343	0.285
	针对RA		0.879	0.018	0.522	
中介效应	针对EP1		0.494	0.010	0.287	
	针对EP2		0.294	0.006	0.175	
间接效应	针对EP1				0.002	
	针对EP2				0.078	

通过表6－10和表6－11可以看出，在有高管环保态度调节和资源获取中介的混合作用关系中，存在着高管环保态度的有中介的调节效应，即高管环保态度在生态创新和企业绩效之间的调节效应，通过资源获取中介发挥效果；也存在着资源获取的有调节的中介效应，即资源获取在生态创新和企业绩效之间的中介效应力度受到了高管环保态度的影响。

三、假设检验结果汇总

根据生态创新的前因分析和后果分析的结果，假设检验有拒绝也有接受，具体情况如表6－12所示。

表 6-12　假设检验结果汇总

假设	假设内容	检验结果
假设 2-1	生态创新与企业经济绩效之间存在显著的正向关系	拒绝
假设 2-2	生态创新与企业环境绩效之间存在显著的正向关系	接受
假设 2-3	生态创新与企业资源获取之间具有显著的正向关系	接受
假设 2-4	资源获取与企业经济绩效之间具有显著的正向关系	接受
假设 2-5	资源获取与企业环境绩效之间具有显著的正向关系	接受
假设 2-6	资源获取是企业生态创新与企业经济绩效之间的中介	接受
假设 2-7	资源获取是企业生态创新与企业环境绩效之间的中介	接受
假设 2-8	资源的可获取性越强，生态创新与企业经济绩效之间的正向关系越显著	接受
假设 2-9	资源的可获取性越强，生态创新与企业环境绩效之间的正向关系越显著	接受
假设 3-1	高管环保态度在资源获取影响企业经济绩效之间具有调节作用	接受
假设 3-2	高管环保态度在资源获取影响企业环境绩效之间具有调节作用	接受
假设 3-3	高管环保态度在企业生态创新影响企业资源获取之间具有调节作用	接受
假设 3-4	高管环保态度在企业资源获取影响企业经济绩效之间具有调节作用	接受
假设 3-5	高管环保态度在企业资源获取影响企业环境绩效之间具有调节作用	接受
假设 3-6	高管环保态度在企业生态创新和企业绩效之间的调节效应以资源获取为中介而发挥作用，即高管环保态度发挥有中介的调节效应	接受
假设 3-7	企业资源获取在企业生态创新和企业绩效之间的中介效应受到高管环保态度的影响，即企业资源获取发挥有调节的中介效应	接受
假设 3-8	高管环保态度的有中介的调节作用，和企业资源获取的有调节的中介效应，在企业生态创新影响企业绩效中共同发挥作用	接受

需要作出进一步说明的是，假设 2-1，即生态创新与企业经济绩效之间存在显著的正向关系在实证检验中被拒绝，似乎说明了从经济绩效的角度看，企业不值得进行生态创新。这个结论的形成，主要有两个方面的原因：一是考察的时间周期的问题，由于对于我们的调研对象而言，生态创新战略尚处于导入期，战略导入期通常需要更大量的研发、设备更新、市场开拓、管理技术更新、管理系统升级、人力资本开发以及多种资源之间的磨合，导致了战略导入期的成本比较高；二是对于我们的调研对象而言，生态创新战略尚处于导入期的事实，使很多企业的生态创新技术、创新管理和创新产品都处于市场探索的过程中，在其技术和产品或者管理模式尚未得到市场充分接受的阶段，经济绩效的下滑也是不可避

免的现实。

事实上，关于“企业是否值得生态创新”的命题，很多学者展开了理论和实证研究，比如 Strike 等（2006）等，如果将企业绩效区分为经济绩效和社会绩效来看，生态创新有利于社会绩效改善是基本的共识，但在企业生态创新与经济绩效的关系方面，远未取得一致观点。Hart（1997）指出，实施生态创新战略的企业通过在环境管理体系方面付出更多的努力，从而建立起更为先进的且拥有良好口碑的管理系统，从而使企业获得更多的收益和环境利益；Sharma 和 Vredenburg（1998）、Chan（2008）、Eiadat（2010）等在研究生态创新、企业能力和企业收益之间的关系后，认为生态创新赋予企业提升投资收益的特殊能力，进而通过降低成本、改善方式的等角度改善了企业的财务绩效。

也有学者并不赞同上述观点，认为生态创新战略的实施并不必然带来企业绩效的改善，反而可能会损害企业在短期内的经济绩效。如 Makower（2003）认为，生态创新战略的引入就如企业导入其他战略一样，在战略导入的早期阶段，企业通常面对较高的初期成本和较长的经济利益实现周期，从而关注生态创新的企业在短期内由于生产和管理成本更高而使得经济利益受损。进一步地，Hillman 和 Keim（2001）在将企业的所有利益相关者区分为绿色创新的利益相关者管理和其他社会问题的参与之后发现，企业与主要利益相关者关系的改善确实有助于企业竞争优势提升以及有利于财务绩效改善，但简单地将企业资源分配到其他社会问题并不会增强企业的竞争优势，这意味着财务绩效改善并不是必然状况。

其实，在阿罗—德布鲁框架①下，沿袭新古典假设，考虑到资源的稀缺性和投资收益的不确定性，企业实施生态创新势必会分散企业在传统核心业务上的资源投入，从而在提高短期成本的同时，还削弱了企业在传统优势领域的竞争力。这种观点的形成，是不同学者对生态创新行动与结果的时间周期不敏感的结果。对于大多数生态创新而言，和其他战略导入的早期阶段一样，在生态创新战略实施的早期阶段，资源投入量较高而投资的回收期比较长，这种资源投入和收益取得在期限上的明显不匹配，影响了人们对生态创新投入的认识。事实上，大多数

① Arrow – Debreu model，关于一般均衡存在性的证明。

以发达经济体的企业为样本的实证研究中，都发现企业生态创新的结果在期限上具有分异特征，将时间和行动进行联合考察，结果发现了企业生态创新行动与企业财务绩效之间的倒U形关系①，宋华等（2012）针对中国企业的研究也支持了这个结论。

① 刘艳林，宋华．“绿色”公司作用于企业绩效吗？——基于美国和中国的一项对比研究［J］．科学学与科学技术管理，2012，33（2）：104－114.

第七章　研究结论与启示

第一节　主要结论

一、全书逻辑线路

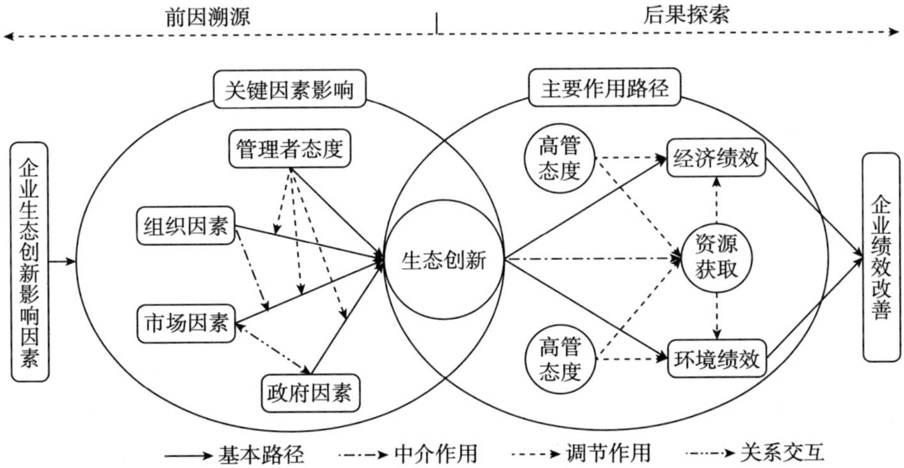

图 7－1　研究逻辑线路

二、基本结论

延循上述分析逻辑，本书形成的基本结论包括以下几个方面：

第一，从内部和外部两个角度对企业生态创新的前因进行了深入分析，提取出影响企业生态创新的四个关键因素及其测量变量。

借鉴此前不同学者的研究，本书对企业生态创新影响因素的研究主要从内部影响因素和外部影响两大角度展开。其中，内部影响因素被区分为企业发展战略、企业技术水平、企业掌握的资源、企业雇员、企业文化、企业制度等方面，外部影响因素被区分为政府规制、客户、市场竞争等方面。然后通过选取部分案例展开探索性研究，结合生态创新的理论，提取出影响企业生态创新的四个关键因素，分别是组织因素、管理者因素、市场因素和政府因素，构建起关键影响因素对企业生态创新以及企业绩效提升分析的基础，以此为基础提取了四大因素对应的测量变量，分别是组织资源冗余、管理者态度、市场竞争和政府规制。考虑到已有的研究中，尽管一些研究已经探讨了企业内部制度因素、利益相关者、企业前瞻性决策对生态创新决策的影响，但从组织权变角度来考察企业制度的适应性调整对生态创新影响的研究尚需进一步深入。此外，当前对内外各种影响因素对生态创新作用的探讨，多是从影响因素和企业生态创新之间的单维结构出发，对多因素之间的交互作用尚需进一步研究。因此，本书的分析中，将企业生态创新的内外因素进行整合，考虑企业权变管理以及各种因素之间的交互作用来探讨各种影响因素对企业生态创新的影响，从而为生态创新影响企业绩效的机理分析完成铺垫。

第二，总结提出了企业生态创新影响绩效改善的一般路径。

企业绩效生成的分析通常都是在一定假设条件下展开的，基于各种条件的理论分析都有其内在的逻辑，这些内在逻辑与假设前提一起构成了企业绩效生成分析理论演进的重要组成部分。本书认为，需要在动态的过程中认识企业绩效，基于企业高绩效生成的基础资源观、绩效能力观、绩效知识观等理论分析，从社会经济运行过程中的微观单元的角度入手，从企业自身、外部因素等多维度展开，总结提出了企业绩效来源模式。考虑到要素资源在企业绩效形成和改善中的重要地位，以及生态创新对企业资源获取能力的影响，本书依托组织合法性理论，认为企业生态创新借助于其规制合法、道德合法和实用合法性而提升了企业获取资源能力，并基于技术维度、资源维度和关系维度的分析，从内部和外部两个角度探讨了生态创新下企业对各种资源的获取水平。本书根据理论分析并借鉴其他学者观点，将企业绩效区分为经济绩效和环境绩效两大类并探讨了其和生态创新的关系，得出了生态创新对经济绩效和环境绩效具有明显正向影响的结论，以及企业生态创新所带来的资源获取能力变化在生态创新影响经济绩效和环境绩效关系中发挥中介效应的观点。最后总结提出了生态创新影响企业绩效提升的一般路径，为后续实证研究奠定了理论基础。

第三，企业生态创新对企业绩效的直接影响是不确定的，生态创新影响下的资源获取是生态创新影响企业绩效的中介。

企业生态创新对企业绩效的直接影响具有不确定性主要是因为，在将企业绩效区分为经济绩效和环境绩效后，在相对较短的时期里，企业生态创新和企业经济绩效之间存在负向关系，尽管负向影响的力度不是很大，但企业生态创新和环境绩效之间存在比较明显的正向关系。因此，生态创新对企业绩效的影响要视一定时期内它对经济绩效和环境绩效的影响效果的比价而定。但若考虑到生态创新带来的企业获取各种要素资源能力和水平的提升，进而对企业经济绩效和环境绩效的影响后发现，以资源获取为中介的企业生态创新对企业经济绩效和环境绩效都存在比较显著的正向影响。根据新古典经济学观点，企业生态创新的正外部性未能有效地内部化，使得企业生产正外部性所占用的经济资源将会成为企业绩效的减值因素，从而降低企业绩效。从这些方面来看，实际政策的制定中，应该对生态创新作用于企业绩效有一个更加全面的认识。当前，鉴于资源和环境的恶化已经引起了社会各界的关注，不同经济体也不断提高市场上产品准入的绿色标准，同时也以各种的制度和激励手段促使经济资源向绿色发展领域倾斜，因此通过设计有效的政策促进企业生态创新进而带来企业的资源获取能力，会成为激励企业生态创新进而提升企业绩效的重要手段。

第四，市场竞争带来的压力是驱动企业实施生态创新战略的重要力量，这种力量的发挥受到高管态度的明显影响，市场竞争压力和政府规制压力的叠加可以形成促进企业生态创新的另一种力量。

这里的市场竞争既包括企业针对消费者展开的争夺，也包括竞争性企业围绕要素资源展开的争夺。产品市场上，消费者对绿色商品或者绿色消费的需求提升可以诱导企业进行生态创新，在这里，企业的生态创新可能是生态化产品的创新，也可能是对原有产品生产工艺、生产流程等的创新，目的是生产出符合市场需求的产品和服务。从市场上生产者竞争的角度看，当企业的竞争者实施生态创新而迎合消费需求时，如果企业无动于衷则可能失去市场份额，因此其他厂商的生态创新行动也会倒逼企业实施生态创新行为。当然，企业面对外部竞争而实施生态创新战略的程度与高管态度密切相关，本书的实证环节证实了在市场竞争驱动企业生态创新的过程中高管态度调节效应的显著性。因此，对绿色消费理念进行宣传，倡导绿色消费，培育绿色消费意识，完善企业内部治理机制，同时设计完善的市场竞争机制和要素流动机制，可以通过消费拉动和竞争驱动两种途径形成企业生态创新的驱动力量。这意味着，在推动企业生态创新战略实施的过程中，必须给予市场决定作用以充分的重视，同时也要重视完善现代企业治理机制。

第五，政府因素是推动企业实施生态创新，进而提升企业绩效的重要力量；高管态度在政府规制影响企业生态创新中具有显著性调节效应，政府规制力量和市场竞争力量的叠加会对企业生态创新形成进一步的促进作用。

政府出台的各种法律和规章构成了对企业行为的直接约束，政府所拥有的惩戒力量是对企业不合规或不合法行为的直接震慑，而且得到政府的认可和鼓励，便于企业从政府途径争取到更多更优惠的资源，这不仅有助于企业规模扩张以获取规模经济，也有助于企业降低成本、扩张销售规模以提升利润空间。本书的理论和实证分析中，不仅证实了政府因素是影响企业生态创新的关键因素之一，而且，考察政府与市场、政府与管理者、政府与企业之间的关系交互后发现，企业拥有的冗余资源对政府规制影响企业生态创新没有显著作用，二者关系交互也未通过显著性检验，这佐证了政府权威的实现不受企业实际拥有资源多寡的羁绊。其次，政府规制力量下，企业生态创新的实际效果受到企业高管态度的明显影响，换句话说，高管态度在政府规制影响企业生态创新中具有显著性调节效应。此外，政府规制力量和市场竞争力量的叠加会进一步形成促进企业生态创新的力量。因此，政府在财税、资源、环境、人才和金融等方面政策的制定应该与市场机制形成有效协同，综合应用正向激励和负向激励手段，而非简单地实施严苛的惩戒措施。

第六，组织资源冗余是企业生态创新的重要积极因素，但这种积极力量发挥作用的大小与高管态度密切相关。

考虑到企业生态创新需要一定量的生产资源，冗余资源为企业生态创新提供了更加灵活的财务和行动空间，但是，如果考虑到生态创新所需资源和一般生产经营所需资源之间的异质性，企业当前的冗余资源可能并不足以支撑企业实施生态创新政策，这一点在实证分析中已经表现出来。首先是企业的资源冗余对生态创新有正向影响，但是，在与其他要素的关系交互中，只有在市场竞争对生态创新的影响中存在冗余资源的中介效应，其他关系的交互作用都不明显。这进一步说明，企业感受到来自市场竞争压力并决定采取生态创新战略时，几乎无法忽视已经拥有的资源结构、性质和状态，但其他交互关系的不显著，既说明了政府力量的实现不受企业资源状况的羁绊，也说明一旦企业高管人员决定实施生态创新战略，则企业当前拥有和支配资源状况的约束力将会下降，因为高管人员的决定意味着其会设法突破当前生态创新的资源束紧。这意味着，促进企业从内部和外部两个方面挖掘资源潜力以服务生态创新，及以市场竞争和政府规制倒逼企业生态创新的机制安排是存在重要现实意义的。

第七，管理者对待企业生态创新的态度是至关重要的，高管的积极态度在冗余资源、市场竞争和政府规制影响企业生态创新的机制中具有显著的调节效应，彰显了企业决策者对企业发展方向和发展速度的重要影响，而且，在生态创新影响企业经济绩效和环境绩效的分析中发现存在两种效应：一是以企业生态创新影响下的企业资源获取为中介的高管环保态度的调节效应，即高管环保态度在企业生态创新影响企业绩效改善中发挥着有中介的调节效应；二是以企业资源获取为中介的企业生态创新影响企业经济绩效和环境绩效的关系受到高管环保态度的明显影响，即企业资源获取在企业生态创新影响企业绩效改善中发挥着有调节的中介效应。这揭示了在促进企业生态创新的过程中，强化高管环保教育的重要性。同时，由于高管在企业内地位的特殊性，强化企业内部治理，将企业利益相关者的利益落到实处，在对高管的考核中纳入绿色指标，对高管行为进行绿色征信，应该作为能影响企业生态创新的重要举措予以重视。

第二节　主要启示

在中国经济结构调整，强化生态化发展的大背景下，本书基于已有的文献和相关理论，建立了企业生态创新影响因素的分析模型和生态创新影响企业绩效的分析模型，总结提出了企业生态创新影响企业绩效改善的一般路径，并基于实际调研数据进行实证分析和检验，最后给出了意见和建议。本书的启示主要有以下三个方面：

第一，总结提出关键因素及其关系互动影响企业生态创新的分析框架。在相关理论文献的基础上，从企业内部因素和外部因素角度分析，总结提出了影响企业生态创新的关键因素，以及关键因素之间的关系互动影响企业生态创新的分析框架，并进行了实证分析，从理论到实证得出了具有现实意义的结论，丰富和拓展了企业生态创新研究的理论和实务空间，这意味着促进企业生态创新的政策制定，应该充分考虑市场竞争、企业资源状况和高层管理者的重要影响力。

第二，提出了企业生态创新影响企业绩效改善的一般路径。在企业生态创新的影响因素分析框架基础上，指出生态创新对组织合法性的提升强化了企业资源获取的能力，并从技术维、物质维和关系维分析了企业从内部和外部对资源的获取，进而对企业经济绩效和环境绩效形成与改善的影响，并进行了实证研究，丰富和完善了当前有关生态创新影响企业绩效的理论和实证研究。这个路径揭示出对生态创新作用于企业绩效应该有更加全面的认识。当前，鉴于资源和环境的恶化已经引起了社会各界的关注，不同经济体也不断提高市场上产品准入的绿色标准，同时也以各种制度和激励手段促使经济资源向绿色发展领域倾斜，因此以设计有效的政策促进企业生态创新带来的企业资源获取能力，会成为激励企业生态创新进而提升企业绩效的重要手段。

第三，从企业内部和外部因素及其关系交互影响企业生态创新、进而作用于企业绩效改善的思路和角度，发现高管的积极态度在冗余资源、市场竞争和政府规制影响企业生态创新的机制中具有显著的调节效应，揭示出管理者生态化教育、强化企业内部治理和在高管绩效考核中纳入绿色指标，以及针对高管实施绿色征信举措的重要性，这对现实企业管理和企业绿色创新实践具有重要的启发意义。

第四，在对影响企业生态创新的各种因素及其交互关系的分析中，发现企业资源冗余作用的特殊性。分析揭示出，当市场竞争驱动企业实施生态创新战略时，企业已经拥有或者支配的资源结构、性质和状态是重要的约束性因素，但资源冗余与其他因素交互关系作用的不显著，说明政府环境规制力量的实现不受企业资源状况的羁绊；当企业高管群体形成了实施生态创新的坚定意志时，企业资源状况的束紧程度将会下降，这二者均说明企业拥有的资源状况并不能构成企业拒绝生态创新的借口或者主导力量。促进企业从内部和外部两个方法挖掘资源潜力以服务生态创新，及以市场竞争和政府规制倒逼企业生态创新的机制安排是存在重要现实意义的。这个结论对当前政府环境政策制定与优化、企业环保政策的落实具有重要启示。

第五，管理者对待企业生态创新的态度是至关重要的，高管的积极态度不仅在影响企业生态创新的机制中具有显著的调节效应，而且，在生态创新影响企业经济绩效和环境绩效的分析中也有重要影响，表现为：一是高管环保态度在企业生态创新影响企业绩效改善中发挥着以资源获取为中介的调节效应；二是企业资源获取在企业生态创新影响企业绩效改善中发挥着以高管环保态度起调节作用的中介效应。这揭示了管环保教育的重要性，说明对高管行为进行绿色征信可以作为能影响企业生态创新的重要举措。

参考文献

［1］ Aguilera – Caracuel, J. , Aragon – Correa, J. A. Huitado – Torres, N. E. & Rugman, A. M. The Effects of Institutional Distance and Headquarters' Financial Performance on the Generation of Environmental Standards in Multinational Companies［J］. Journal of Business Ethics, 2012, 105 (4): 461 – 474.

［2］ Basil Najjar & Anfimiadou, A. Environmental Policies and Firm Value［J］. Business Strategy and the Environment, 2012, 21 (1): 49 – 59.

［3］ Ambec, S. , Cohen, M. A. , Elgie, S. , & Lanoie, P. The Porter Hypothesis at 20: Can Environmental Regulation Enhance Innovation and Competitiveness?［J］. Review of Environmental Economics and Policy, 2013, 7 (1): 2 – 22.

［4］ Babiak, K. , & Trendafilova, S. CSR and Environmental Responsibility: Motives and Pressures to Adopt Green Management Practices［J］. Corporate Social Responsibility and Environmental Management, 2011, 18 (1): 11 – 24.

［5］ BarbaraWard, Rene DubosWrited. Only One Earth［M］. W. W. Norton & Company, 1972.

［6］ Brunnermeier S. B. , Cohen M. A. Determinants of Environmental Innovation in US Manufacturing Industries［J］. Journal of Environmental Economics & Management, 2003, 45 (2): 278 – 293.

［7］ Berrone P. , Gelabert L. , Fosfuri A. , et al. Can Institutional Forces Create Competitive Advantage? An Empirical Examination of Environmental Innovation［J］. Iese Research Papers, 2008, 23 (D/723).

[8] Berrone P., Fosfuri A., Gelabert L., et al. Necessity as the Mother of "Green" Inventions: Institutional Pressures and Environmental Innovations [J]. Strategic Management Journal, 2013, 34 (8): 891 -909.

[9] Burke L., Logsdon J. M. How Corporate Social Responsibility Pays Off [J]. Long Range Planning, 1996, 29 (4): 495 -502.

[10] BeiTone, R., & Gomez - Mejia, L. R. Environmental Performance and Executive Compensation: An Integrated Agency - institutional Perspective [J]. Academy of Management Journal, 2009, 52 (1): 103 -126.

[11] Boehe, D. M., & Cruz, L. B. Corporate Social Responsibility, Product Differentiation Strategy and Export Performance [J]. Journal of Business Ethics, 2010 (91): 325 -346.

[12] Chang, C. H. The Influence of Corporate Environmental Ethics on Competitive Advantage: The Mediation Role of Green Innovation [J]. Journal of Business Ethics, 2011, 104 (3): 361 -370.

[13] Chan, C. M., & Makino, S. Legitimacy and Multi - level Institutional Environments: Implications for Foreign Subsidiary Ownership Structure [J]. Journal of International Business Studies, 2007, 38 (4): 621 -638.

[14] Chen, Y. S., Lai, S. B., & Wen, C. T. The Influence of Green Innovation Performance on Corporate Advantage in Taiwan [J]. Journal of Business Ethics, 2006, 67 (4): 331 -339.

[15] Chen, Y. S. The Driver of Green Innovation and Green Image - green Core Competence [J]. Journal of Business Ethics, 2008, 81 (3): 531 -543.

[16] Chen, Y. S., Chang, C. H., & Wu, F. S. Origins of Green Innovations: the Differences between Proactive and Reactive Green Innovations [J]. Management Decision, 2012, 50 (3): 368 -398.

[17] Chiou, T. -Y., Chan, H. K., Lattice, F., & Chung, S. H. The Influence of Greening the Suppliers and Green Innovation on Environmental Performance and Competitive Advantage in Taiwan [J]. Transportation Research; Part E, 2011, 47 (6): 822 -836.

[18] Chou, C. J. , Chen, K. S. , & Wang, Y. Y. Green Practices in the Restaurant Industry from an Innovation Adoption Perspective: Evidence from Taiwan [J] . International Journal of Hospitality Management, 2012, 31 (3): 703 -711.

[19] Cohen, B. D. , & Dean, T. J. Information Asymmetry and Investor Valuation of IPOs: Top Management Team Legitimacy as a Capital Market Signal [J] . Strategic Management Journal, 2005, 26 (7): 683 -690.

[20] Cordano M, Frieze I. H. Pollution Reduction Preferences of U. S. Environmental Managers: Applying Ajzen' s Theory of Planned Behavior [J] . Academy of Management Journal, 2000, 43 (4): 627 -641.

[21] Damall, Edwards, D. Predicting the Cost of Environmental Management System Adoption: The Role of Capabilities, Resources and Ownership Structure [J] . Strategic Management Journal, 2006, 27 (4): 301 -320.

[22] Damall, N. , Henriques, I. , & Sadorsky, P. Adopting Proactive Environmental Strategy: The Influence of Stakeholders and Firm Size [J] . Journal of Management Studies, 2010, 47 (6): 1072 -1094.

[23] Dawkins, C. , & Fraas, J. W. Coming Clean: The Impact of Environmental Performance and Visibility on Corporate Climate Change Disclosure [J] . Journal of Business Ethics, 2011, 100 (2): 303 -322.

[24] Deeds, D. L. , Mang, P. Y. , & Frandsen, M. L. The Influence of Firms, and Industries' Legitimacy on the Flow of Capital into High - technology Ventures [J] . Strategic Organization, 2004, 2 (1): 9 -34.

[25] Del Rio, R. , Carrillo - Hermosilla, J. , & Konnola, T. Policy Strategies to Promote Ecoirmovation [J] . Journal of Industrial Ecology, 2010, 14 (4): 541 -557.

[26] Delmas, M. A. , & Montes - Sancho, M. J. Voluntary Agreements to Improve Environmental Quality: Symbolic and Substantive Cooperation [J] . Strategic Management Journal, 2010, 31 (6): 575 -601.

[27] Dangelico R. M. , Pujari D. Mainstreaming Green Product Innovation: Why and How Companies Integrate Environmental Sustainability [J] . Journal of Business

Ethics, 2010, 95 (3): 471 -486.

[28] Deephouse D. L. Does Isomorphism Legitimate? [J] . Academy of Management Journal, 1995, 39 (4): 1024 -1039.

[29] Eisenhardt K. M. Strategy as Strategic Decision Making [J] . Sloan Management Review, 1999, 40 (3): 65 -72.

[30] Fineman, S. Constructing the Green Manager [M] . British Joumal of Management, 1997, 8 (1): 31 -38.

[31] Fombrun, C. , & Shanley, M. What's in a Name? Reputation Building and Corporate Strategy [J] . Academy of Management Joumal, 1990, 33 (2): 233 -258.

[32] Freeman, R. E. , & Evan, W. M. Corporate Governance: A Stakeholder Interpretation [J] . Journal of Behavioral Economics, 1990, 19 (4): 337 -359.

[33] Freeman, R. E. Divergent Stakeholder Theory [J] . Academy of Management Review, 1999, 24 (2): 233 -236.

[34] Grant, Robert M. The Resource - Based Theory of Competitive Advantage: Implications for Strategy Formulation [J] . California Management Review, 1991, 33 (3): 114 -135.

[35] Grindley P. C. , Teece D. J. Managing Intellectual Capital: Licensing and Cross - Licensing in Semiconductors and Electronics [J] . California Management Review, 1997, 39 (2): 8 -41.

[36] Hammar, H. , & Lofgren, A. Explaining Adoption of End of Pipe Solutions and Clean Technologies - Determinants of Firms' Investments for Reducing Emissions to Air in Four Sectors in Sweden [J] . Energy Policy, 2010, 38 (7): 3644 -3651.

[37] Hart, S. L. , & Dowell, G. A Natural - resource - based View of the Firm; Fifteen years after [J] . Journal of Management, 2011, 37 (5): 1464 -1479.

[38] Homburg, C. , Stierl, M, Bornemann, T. Corporate Social Responsibility in Business - to - BusinessMarkets: How Organizational Customers Account for Supplier Corporate Social Responsibility Engagement [J] . Journal of Marketing, 2013, 77 (6): 54 -72.

[39] Hemmelskamp, Rennings, Leone. Innovation - Oriented Environmental Reg-

ulation [J]. Zew Economic Studies, 2000 (10).

[40] Johnsen, T., Phillips, W., Caldwell, N., & Lewis, M. Centrality of Customer and Supplier Interaction in Innovation [J]. Journal of Business Research, 2006, 59 (6): 671-678.

[41] Kramer M. R., Porter M. E. Estrategiay Sociedad: Eelvínculo Entre Ventaja Competitivay responsabilidad Social Corporativa [J]. Harvard Business Review, 2006, 84 (12): 42-56.

[42] Kemp, R., & Oltra, V. Research Insights and Challenges on Eco-innovation Dynamics [J]. Industry and Innovation, 2011, 18 (3): 249-253.

[43] Kammerer, D. The Effects of Customer Benefit and Regulation on Environmental Product Innovation: Empirical Evidence from Appliance Manufacturers in Germany [J]. Ecological Economics, 2009, 68 (8-9): 2285-2295.

[44] Kesidou E., Demirel P. On the Drivers of Eco-innovations: Empirical Evidence from the UK [J]. Research Policy, 2012, 41 (5): 862-870.

[45] Kemp R., Rotmans J. Transitioning Policy: Co-production of a New Strategic Framework for Energy Innovation Policy in the Netherlands [J]. Policy Sciences, 2009, 42 (4): 303.

[46] Jones, T. M. Instrumental Stakeholder Theory: A Synthesis of Ethics and Economics [J]. Academy of Management Review, 1995, 20 (2): 404- 4371.

[47] Lee, K. H., & Kim, J. W. Integrating Suppliers into Green Product Innovation Development: An Empirical Case Study in the Semiconductor Industry [J]. Business Strategy and the Environment, 2011, 20 (8): 527-538.

[48] Leenders, M., & Chandra, Y. Antecedents and Consequences of Green Innovation in the Wine Industry: The Role of Channel Structure [J]. Technology Analysis & Strategic Management, 2013, 25 (2): 203-218.

[49] Lee, K. H., & Kim, J. W. Integrating Suppliers into Green Product Innovation Development: an Empirical Case Study in the Semiconductor Industry [J]. Business Strategy and the Environment, 2011, 20 (8): 527-538.

[50] Li, F. R., & Ding, D. Z. The Effect of Institutional Isomorphic Pressure on

the Internationalization of Firms in an Emerging Economy: Evidence from China [J] . Asia Pacific Business Review, 2013, 19 (4): 506 -525.

[51] Mirata M, Emtairah T. Industrial Symbiosis Networks and the Contribution to Environmental Innovation : The Case of the Landskrona Industrial Symbiosis Programme [J] . Journal of Cleaner Production, 2005, 13 (10 -11): 993 -1002.

[52] Murillo - Luna J. L. , Garcés - Ayerbe C. , Rivera - Torres P. Why Do Patterns of Environmental Response Differ?: A Stakeholders' Pressure Approach [J] . Strategic Management Journal, 2008, 29 (11): 1225 -1240.

[53] Noci G. , Verganti R. Managing "Green" Product Innovation in Small Firms [J] . R & D Management, 1999, 29 (1): 3 -15.

[54] OECD. OECD Factbook : Economic, Environmental and Social Statistics [M] . Organisation for Economic Co - operation and Development, 2005.

[55] Ocasio W. Towards an Attention - based Theory of the Firm [J] . Strategic Management Journal, 2015, 18 (S1): 187 -206.

[56] Philippe, D. , Durand, R. The Impact of Norm - conforming Behaviors on Firm Reputation [J] . Strategic Management Journal, 2011, 32 (9): 969 -993.

[57] Prahalad C. , Hamel G. The Core Competence of the Corporation [J] . Harvard Business Review, 1990, 68 (3): 275 -292.

[58] Preuss, L. Tax Avoidance and Corporate Social Responsibility: You can't Do Both, or Can You? [J] Corporate Governance, 2010, 10 (4): 365 -374.

[59] Polanyi M. Personal Knowledge: Towards a Post - Critical Philosophy [J] . Philosophy of Science, 1958, 107 (4): 617 -618.

[60] Pujari D. , Wright G. , Peattie K. Green and Competitive : Influences on Environmental New Product Development Performance [J] . Journal of Business Research, 2003, 56 (8): 657 -671.

[61] Rennings, K. , Rammer, C. The Impact of Regulation - Driven Environmental Innovation on Innovation Success and Firm Performance [J] . Industry and Innovation, 2011, 18 (3): 255 -283.

[62] Rao, R. S. , Chandy, R. K. , & Prabhu, J. C. The Fruits of Legitimacy:

Why Some New Ventures Gain More from Innovation than Others [J]. Journal of Marketing, 2008, 72 (4): 58-75.

[63] René Kemp, Vanessa Oltra. Research Insights and Challenges on Eco-Innovation Dynamics [J]. Industry & Innovation, 2011, 18 (3): 249-253.

[64] Rennings, K., Rammer, C. The Impact of Regulation-Driven Environmental Innovation on Innovation Success and Firm Performance [J]. Industry and Innovation, 2011, 18 (3): 255-283.

[65] Russo M. V., Fouts P. A. A Resource-Based Perspective on Corporate Environmental Performance and Profitability [J]. Academy of Management Journal, 1997, 40 (3): 534-559.

[66] Rotmans J., Kemp R., Asselt M. V. More Evolution than Revolution: Transition Management in Public Policy [J]. Foresight, 2013, 3 (1): 15-31.

[67] Ruekert R. W., Walker O. C., Roering K. J. The Organization of Marketing Activities: A Contingency Theory of Structure and Performance [J]. Journal of Marketing, 1985, 49 (1): 13-25.

[68] Surroca, J., Tribo, J. A., Waddock, S. Corporate Responsibility and Financial Performance: The Role of Intangible Resources [J]. Strategic Management Journal, 2010, 31 (5): 463-490.

[69] Sheng, S. B., Zhou, K. Z., Li, J. J. The Effects of Business and Political Ties on Firm Performance: Evidence from China [J]. Journal of Marketing, 2011, 75 (1): 1-15.

[70] Sharma S., Vredenburg H. Proactive Corporate Environmental Strategy and the Development of Competitively Valuable Organizational Capabilities [J]. Strategic Management Journal, 1998, 19 (8): 729-753.

[71] Stiglitz, Joseph. E. Credit Markets and the Control of Capital [J]. Journal of Money, Credit and Banking, 1985, 17 (2): 133-152.

[72] Starik M., Marcus A. A. Introduction to the Special Research forum on the Management of Organizations in the Natural Environment: A Field Emerging from Multiple Paths, with Many Challenges Ahead [J]. Academy of Management Journal,

2000, 43 (4): 539 - 546.

[73] Saiz J. J. A., Bas A. O., Rodríguez R. R. Performance Measurement System for Enterprise Networks [J]. International Journal of Productivity & Performance Management, 2007, 56 (4): 305 - 334.

[74] Tidd, Bessant & Pavitt. 创新管理：技术变革、市场变革和组织变革的整合 [M]. 金马工作室译. 北京：清华大学出版社, 2004.

[75] Venceslau, Pereira. Qrc. A New Bacterial Respiratory Complex Related to the CISM Family and the Alternative Complex Ⅲ [J]. BBA - Bioenergetics, 2012, 1817 (1): S94 - S95.

[76] Weng, M. H., Lin, C. Y. Determinants of Green Innovation Adoption for Small and Medium - size Enterprises (SMES) [J]. African Journal of Business Management, 2011, 5 (22): 9154 - 9163.

[77] Wagner, M. Corporate Social Performance and Innovation with High Social Benefits: A Quantitative Analysis [J]. Journal of Business Ethics, 2010, 94 (4): 581 - 594.

[78] Wernerfelt B. A Resource - based View of the Firm [J]. Strategic Management Journal, 1984, 5 (2): 171 - 180.

[79] Welford, R. Corporate Environmental Management, Technology and Sustainable Development: Postmodern Perspectives and the Need for a Critical Research Agenda [J]. Business Strategy and the Environment, 1998, 7 (1): 1 - 12.

[80] Wolff, R. Beyond Environmental Management: Perspectives on Environmental and Management Research [J]. Business Strategy and the Environment, 1998, 7 (5): 297 - 308.

[81] Wright, P., Ferris, S. Agency Conflict and Corporate Strategy: The Effect of Divestment on Corporate Value [J]. Strategic Management Journal, 1997, 18 (1): 77 - 83.

[82] Yang, Y., Holgaard, J. E., Remmen, A. What can Triple Helix Frameworks Offer to the Analysis of Eco - innovation Dynamics? Theoretical and methodological considerations [J]. Science and Public Policy, 2012, 39 (3): 373 - 385.

［83］Young，J. Reducing Waste，Saving Materials ［A］//Brown，L.，Flavin，C. et al. State of the World ［M］. New York：Norton，1991.

［84］陈劲．国家绿色技术创新系统的构建与分析［J］．科学学研究，1999，17（3）：37－41.

［85］陈宏辉．企业的利益相关者理论与实证研究［D］．浙江大学博士学位论文，2003.

［86］陈龙波，赵永彬，李垣．组织冗余研究评述［J］．科学学与科学技术管理，2007，28（9）：158－162.

［87］蔡乌赶，周小亮．企业生态创新驱动、整合能力与绩效关系实证研究［J］．财经论丛（浙江财经大学学报），2013，170（1）：95－100.

［88］戴鸿轶，柳卸林．对环境创新研究的一些评论［J］．科学学研究，2009，27（11）：1601－1610.

［89］董颖，石磊．生态创新的内涵、分类体系与研究进展［J］．生态学报，2010，30（9）：2465－2474.

［90］董颖，石磊．"波特假说"——生态创新与环境管制的关系研究述评［J］．生态学报，2013（3）：809－824.

［91］邓汉慧，张子刚．企业核心利益相关者共同治理模式［J］．科研管理，2006（1）：85－90.

［92］笛德，本珊，帕维特，等．创新管理：技术变革市场变革和组织变革的整合［M］．北京：清华大学出版社，2004.

［93］冯之浚，牛文元．低碳经济与科学发展［J］．中国软科学，2009（8）：13－19.

［94］方润生．基于能力的理论及其局限性［J］．科研管理，2004，25（4）：134－139.

［95］方润生．企业的冗余资源与技术创新［M］．北京：经济管理出版社，2004.

［96］冯臻．影响企业社会责任行为的路径——基于高层管理者的研究［D］．复旦大学博士学位论文，2010.

［97］高汉祥，郑济孝．公司治理与企业社会责任：同源、分流与融合

[J]．会计研究，2010（6）：32－36.

[98] 卡里略·埃莫西利亚．生态创新 [M]．上海：上海科学技术出版社，2014.

[99] 黄蝶君，赖作卿，李桦．政府规制、生态创新与农业企业生态及经济绩效[J]．软科学，2016，30（9）：28－31.

[100] 黄德春，刘志彪．环境规制与企业自主创新——基于波特假设的企业竞争优势构建[J]．中国工业经济，2006（3）：100－106.

[101] 黄燕．创新理论的演进及近期研究进展[J]．江汉论坛，2001（12）：28－30.

[102] 蒋春燕，赵曙明．组织冗余与绩效的关系：中国上市公司的实践序列实证研究[J]．管理世界，2004（5）：108－115.

[103] 蒋秀兰，沈志渔．基于波特假说的企业生态创新驱动机制与创新绩效研究[J]．经济管理，2015（5）：190－199.

[104] 姜针针，陈媛媛．组织冗余研究脉络及其发展趋势评述[J]．科技和产业，2012，12（7）：84－87.

[105] 李怡娜，叶飞．高层管理支持、环保创新实践与企业绩效——资源承诺的调节作用[J]．管理评论，2013，25（1）：120－127.

[106] 李怡娜，叶飞．制度压力、绿色环保创新实践与企业绩效关系——基于新制度主义理论和生态现代化理论视角[J]．科学学研究，2011，29（12）：1884－1894.

[107] 柳卸林，马雪梅，高雨辰等．企业创新生态战略与创新绩效关系的研究[J]．科学学与科学技术管理，2016，37（8）：102－115.

[108] 李守伟，朱瑶．合作创新网络结构特征对企业创新绩效的影响研究——以新能源汽车产业为例[J]．工业技术经济，2016，35（11）：137－144.

[109] 李斌，曹万林．环境规制对中国循环经济绩效的影响研究——基于生态创新的视角[J]．中国软科学，2017（6）：140－154.

[110] 李虹，张希源．区域生态创新协同度及其影响因素研究[J]．中国人口·资源与环境，2016（6）：43－51.

[111] 李淑英．企业社会责任：概念界定、范围及特质[J]．哲学动态，

2007（4）：41－46.

［112］贺小刚，邓浩，吕斐斐，等．期望落差与企业创新的动态关系——冗余资源与竞争威胁的调节效应分析［J］．管理科学学报，2017，20（5）：13－34.

［113］简兆权，吴隆增，黄静．吸收能力、知识整合对组织创新和组织绩效的影响研究［J］．科研管理，2008，29（1）：80－86.

［114］廖中举，黄超，姚春序．组织资源冗余：概念、测量、成因与作用［J］．外国经济与管理，2016，38（10）：49－59.

［115］马富萍，郭晓川，茶娜．环境规制对技术创新绩效影响的研究——基于资源型企业的实证检验［J］．科学学与科学技术管理，2011，32（8）：87－92.

［116］孟科学，雷鹏飞．企业生态创新的组织场域、组织退耦与环境政策启示［J］．经济学家，2017（2）：43－49.

［117］孟科学，严清华．绿色金融与企业生态创新投入结构优化［J］．科学学研究，2017（12）：1886－1895.

［118］马玎，叶建木，刘思施．制度压力调节下的企业生态创新与盈利性的关系研究［J］．管理学报，2016，13（2）：275－284.

［119］马力，齐善鸿．公司社会责任理论述评［J］．经济社会体制比较，2005（2）：138－141.

［120］牛文元．可持续发展理论的内涵认知——纪念联合国里约环发大会20周年［J］．中国人口·资源与环境，2012，22（5）：9－14.

［121］彭雪蓉．利益相关者环保导向、生态创新与企业绩效：组织合法性视角［M］．长春：吉林大学出版社，2020.

［122］芮明杰．企业技术开发中的风险管理［J］．研究与发展管理，1994（1）：30－33.

［123］孙海法，刘运国，方琳．案例研究的方法论［J］．科研管理，2004，25（2）：107－112.

［124］孙爱英，苏中锋．资源冗余对企业技术创新选择的影响研究［J］．科学学与科学技术管理，2008，29（5）：60－63.

［125］邰国庆，悦昌红．经济转型中的组织冗余与企业绩效：制度环境的调节作用［J］．中国工业经济，2010（11）：120－129.

［126］谢洪明，刘常勇，陈春辉．市场导向与组织绩效的关系：组织学习与创新的影响［J］．管理世界，2006（2）：80－94，143.

［127］谢洪明，王成，吴隆增．知识整合、组织创新与组织绩效：华南地区企业的实证研究［J］．管理学报，2006，3（5）：600.

［128］游达明，朱桂菊．基于演化博弈的企业生态技术创新行为研究［J］．科技管理研究，2015（4）：6－11.

［129］杨俊一．制度变迁与意识形态在企业文化中的管理功能［J］．上海大学学报（社会科学版），2000，7（3）：5－12.

［130］杨静，施建军，刘秋华．学习理论视角下的企业生态创新与绩效关系研究［J］．管理学报，2015，12（6）：865－872.

［131］余光胜．企业创新理论演进及进一步研究取向［J］．中国管理科学，2013（s2）：798－803.

［132］杨燕，邵云飞．生态创新研究进展及展望［J］．科学学与科学技术管理，2011，32（8）：107－116.

［133］温忠麟，侯杰泰，张雷．调节效应与中介效应的比较和应用［J］．心理学报，2005，37（2）：268－274.

［134］温忠麟，叶宝娟．中介效应分析：方法和模型发展［J］．心理科学进展，2014，22（5）：731－745.

［135］王玉冬，秦元森．高新技术企业创新资金生态化配置机理研究［J］．科技与管理，2013，15（6）：88－92.

［136］王洪．西方创新理论的新发展［J］．天津师范大学学报（社会科学版），2002（6）：19－24.

［137］温忠麟，叶宝娟．有调节的中介模型检验方法：竞争还是替补？［J］．心理学报，2014（5）：714－726.

［138］王进．产业群聚、知识共享、生态创新与企业竞争优势关系的实证研究［J］．软科学，2014，28（9）：74－77.

［139］张玉臣，吕显鹏．高新技术企业创新绩效影响因素研究［J］．科研管理，2013，34（12）：58－65.

［140］张勉，李海，魏钧．企业文化与企业绩效的关系研究——一致性和均

衡性的观点[J]．科学学与科学技术管理，2007（8）：140－148.

[141] 张会元，唐元虎．企业技术创新影响因素的模糊聚类分析[J]．科研管理，2003，24（6）：71－77.

[142] 张钢，张小军．企业绿色创新战略的驱动因素：多案例比较研究[J]．浙江大学学报（人文社会科学版），2013（5）：1－12.

[143] 周霞．冗余资源与技术创新关系综述[J]．人力资源管理，2017（11）：442－443.

附录　有关企业生态创新与企业绩效的调查问卷

尊敬的先生/女士：

您好！

非常感谢您能抽时间填写这份调查问卷。

这是一份用于了解企业生态创新的前因和后果的作用与影响的问卷，旨在探讨企业生态创新和企业绩效改善之间的基本关系。

您的意见非常重要。

请您详细阅读题目，并根据您的真实看法给出回答。本问卷采用不具名作答。

我们郑重承诺：调查所得数据信息仅仅用于学术研究，恪守保密承诺，绝不随意公开，或者将所得信息用于其他任何商业用途。若您需要，我们会将调查结果以适当的形式向您反馈。

对您的支持表示衷心感谢！

****

填写说明：

1. 缺项问卷或者一致选项问卷将影响数据录入和进行统计分析，请您根据实际情况完成题目；

2. 本问卷由两部分构成：

第一部分属于背景信息，请您按要求填写，或者在认同选项后的“□”中打“√”；

第二部分是问卷主体部分，请您根据题项描述和本企业实际，在相应“□”打“√”。

3. 在回答题目的过程中，如果您有不理解或者困惑之处，请及时联系中国社会科学院×××部门的×××，联系方式：

TEL：010－××××××（O），××××××（H）

QQ：×××

E－mail：××××@163. com

第一部分　企业背景信息

1. 您所在企业名称：____________

2. 企业所在地区：中国________省（直辖市）________市

3. 您所在企业的行业是：

制造业□　非制造业□　其他（请填写）：

4. 您的工作职位：

总经理/总裁/CEO□　董事长/董事局主席□　企业法人代表□

研发部门负责人□　市场部门负责人□　生产部门负责人□

其他部门负责人（请填写）：

5. 企业成立至今有多少年了？

小于3年□　3～5年□　6～10年□

11～15年□　16年及以上□

6. 您所在企业现有正式职工人数有多少？

少于100人□　100～500人□　501～1000人□

1001～1500人□　1501～2000人□　2001人及以上□

7. 您所在企业的性质是：

国有及国有控股企业□　民营企业□　其他（请填写）：

第二部分 有关企业生态创新的前因与后果的问题

1. 请根据以下题项描述，给出您对有关企业生态创新与市场竞争问题的态度，请在相应“□”打“√”。

题号	题项描述	非常不同意	不同意	不太确定	同意	非常同意
MC11	本公司经常收集客户需求信息	□	□	□	□	□
MC12	本公司重视客户意见以提升服务质量	□	□	□	□	□
MC13	本公司会妥善处理客户投诉	□	□	□	□	□
MC14	本公司的竞争战略建立在客户需求的基础上	□	□	□	□	□
MC15	本公司的经营战略以增加客户价值为目标	□	□	□	□	□
MC16	本公司坚持以客户为合作伙伴	□	□	□	□	□
MC21	本公司知道顾客为什么买竞争对手的产品	□	□	□	□	□
MC22	本公司高管经常探讨竞争对手的优势和劣势	□	□	□	□	□
MC23	本公司能迅速应对竞争对手的行为变化	□	□	□	□	□
MC24	本公司知道竞争对手为客户提供了什么产品	□	□	□	□	□
MC25	本公司知道顾客对竞争对手产品的满意度	□	□	□	□	□
MC26	本公司知道竞争对手怎么维护与客户的关系	□	□	□	□	□
MC31	本公司各部门能积极参与到客户关系的协调中	□	□	□	□	□
MC32	本公司各部门能紧密协作满足客户要求	□	□	□	□	□
MC33	本公司各部门能协作制定满足客户要求的决定	□	□	□	□	□
MC34	本公司各部门都知道客户关系的重要性	□	□	□	□	□
MC35	本公司各部门针对客户的活动能彼此协作	□	□	□	□	□
MC36	本公司各部门对客户需求能登门服务	□	□	□	□	□

2. 请根据题项描述，给出您对有关环境政策问题的态度，请在相应“□”打“√”。

题号	题项描述	非常不同意	不同意	不太确定	同意	非常同意
PR11	本公司通过各种渠道收集政策信息	□	□	□	□	□
PR12	本公司有专人研究政府政策	□	□	□	□	□
PR13	本公司会定期研讨政策的发展趋势	□	□	□	□	□
PR14	本公司会定期评估政策变化对业务的影响	□	□	□	□	□
PR15	本公司内部会定期传播政策相关信息	□	□	□	□	□
PR21	本公司认为环境保护是政府的重要执政任务	□	□	□	□	□
PR22	本公司认为环境保护对整个社会很重要	□	□	□	□	□
PR23	本公司认为环境保护是企业声誉评价的重要指标	□	□	□	□	□
PR24	本公司非常关注环境保护问题	□	□	□	□	□
PR25	本公司会对环境政策变化做出迅速反应	□	□	□	□	□
PR26	本公司经常忽视政策变化	□	□	□	□	□
PR27	本公司战略制定受当前政策及其可能变化的影响	□	□	□	□	□
PR28	本公司会多部门定期商讨应对政策变化的举措	□	□	□	□	□

3. 请根据题项描述，给出您对高层管理人对待环境保护问题的态度，请在相应“□”打“√”。

题号	题项描述	非常不同意	不同意	不太确定	同意	非常同意
MA1	本公司高层认为环境保护是企业战略的重要构成部分	□	□	□	□	□
MA2	本公司高层认为环保创新是有效的企业发展策略	□	□	□	□	□
MA3	本公司高层认为环境保护应成为企业评价的重要内容	□	□	□	□	□
MA4	本公司高层很重视本企业生产对环境的不利影响	□	□	□	□	□

4. 请根据题项描述，给出您对有关生态创新与企业资源问题的态度，请在相应“□”打“√”。

题号	题项描述	非常不同意	不同意	不太确定	同意	非常同意
OS11	本公司可灵活支配的财务资源充足	□	□	□	□	□
OS12	本公司留存收益足以支持市场扩张	□	□	□	□	□
OS13	本公司可利用的潜在关系资源丰富	□	□	□	□	□
OS14	本公司可方便地获得其他机构的资源支持	□	□	□	□	□
OS21	本公司技术与装备先进但未充分利用	□	□	□	□	□
OS22	本公司在环保方面有丰富的专用资源且有潜力可挖	□	□	□	□	□
OS23	本公司的产能未完全发挥	□	□	□	□	□

5. 请根据题项描述，给出您对生态创新与企业获取资源问题的态度，请在相应“□”打“√”。

题号	题项描述	非常不同意	不同意	不太确定	同意	非常同意
RA11	本公司可以及时获得有关市场信息	□	□	□	□	□
RA12	本公司可以及时获得技术发展信息	□	□	□	□	□
RA13	本公司可以及时获得政策信息	□	□	□	□	□
RA14	本公司可以及时获得利益相关者的信息	□	□	□	□	□
RA21	本公司可以方便地获得专业技术知识	□	□	□	□	□
RA22	本公司可以方便地获得创新管理知识	□	□	□	□	□
RA23	本公司可以方便地获得营运管理知识	□	□	□	□	□
RA31	本公司可以方便地从政府部门得到科技经费	□	□	□	□	□
RA32	本公司可以方便地通过与其他机构合作研发降低成本	□	□	□	□	□
RA33	本公司可以方便地从金融机构融通资金	□	□	□	□	□
RA34	本公司可以方便地获得创新补贴或税收优惠	□	□	□	□	□

6. 请根据题项描述，给出您对有关企业生态创新实施情况问题的态度，请在相应“□”打“√”。

题号	题项描述	非常不同意	不同意	不太确定	同意	非常同意
EI1	本公司为减少对环境的负面影响调整了经营活动	□	□	□	□	□
EI2	本公司会主动采取环境修复行动	□	□	□	□	□
EI3	本公司为减少污染物排放和资源浪费调整了经营活动	□	□	□	□	□
EI4	本公司对非再生资源、化学品和废旧品进行循环利用	□	□	□	□	□
EI5	本公司主动以低污染的新能源取代传统能源	□	□	□	□	□
EI6	本公司主动采取措施以降低生产能耗	□	□	□	□	□
EI7	本公司主动采取措施降低生产对环境的破坏	□	□	□	□	□

7. 请根据题项描述，给出您对有关企业生态创新与企业绩效问题的态度，请在相应“□”打“√”。

题号	题项描述	非常不同意	不同意	不太确定	同意	非常同意
FP11	本公司的投资回报率比竞争对手更高	□	□	□	□	□
FP12	本公司的盈利增长水平比竞争对手更快	□	□	□	□	□
FP13	本公司的销售增长水平比竞争对手更快	□	□	□	□	□
FP14	本公司的市场份额增长比竞争对手更快	□	□	□	□	□
FP21	本公司帮助员工获得更好的创新教育与培训	□	□	□	□	□
FP22	本公司有很强的问题产品召回和处理能力	□	□	□	□	□
FP23	本公司污染物减排和降能耗、循环利用资源水平先进	□	□	□	□	□
FP24	本公司的质量和安全管理水平领先于同行	□	□	□	□	□
FP25	本公司能积极参与环境治理与保护工作	□	□	□	□	□
FP26	本公司较好地履行了环境质量管理体系标准	□	□	□	□	□
FP27	本公司的社会声誉、社会形象提升很快	□	□	□	□	□

本问卷到此结束，对您的支持与帮助表示衷心感谢！